HALTEN SIE SICH FÜR SCHLAU?

Die berüchtigten Testfragen der englischen Eliteuniversitäten

JOHN FARNDON

HALTEN SIE SICH FÜR SCHLAU?

Die berüchtigten Testfragen
der englischen
Eliteuniversitäten

JOHN FARNDON

Bibliografische Information der Deutschen Nationalbibliothek:
Die Deutsche Nationalbibliothek verzeichnet diese Publikation in der Deutschen Nationalbibliografie; detaillierte bibliografische Daten sind im Internet über http://d-nb.de abrufbar.

Für Fragen und Anregungen:
johnfarndon@mvg-verlag.de

1. Auflage 2012
© 2012 by mvg Verlag, ein Imprint der Münchner Verlagsgruppe GmbH
Nymphenburger Straße 86
D-80636 München
Tel.: 089 651285-0
Fax: 089 652096

Die englische Originalausgabe erschien 2009 unter dem Titel *Do you think you're clever?* by Icon Books Ltd.

© 2009 by John Farndon. All rights reserved.

Übersetzung: Martin Bauer, München
Redaktion: Birgit Walter, Augsburg
Umschlaggestaltung: Kristin Hoffmann, München
Umschlagabbildung: iStockphoto
Satz: Georg Stadler, München
Druck: CPI – Ebner & Spiegel, Ulm
Printed in Germany

ISBN Print 978-3-86882-272-4
ISBN E-Book (PDF) 978-3-86415-267-2

Weitere Informationen zum Verlag finden Sie unter

www.mvg-verlag.de

Beachten Sie auch unsere weiteren Verlage unter
www.muenchner-verlagsgruppe.de

Inhalt

 # Einleitung

von Libby Purves

Wenn man jemandem Fragen stellt, insbesondere in einem wichtigen Vorstellungsgespräch, versucht man zweierlei herauszufinden: Erstens prüft man das Wissen des Bewerbers – das lässt sich leicht bewerkstelligen. Zweitens möchte man ergründen, *wie* der andere denkt, und das ist schwieriger zu ermitteln. Wie arbeitet der Verstand des Befragten? Folgt er schlicht den Gleisen logischen Denkens? Oder schwebt er hoch über jedem Thema und blickt mit Adleraugen hinab? Vielleicht schlägt er auch Haken wie ein aufgeschrecktes Kaninchen (das ist bei mir leider allzu häufig der Fall). Dieser Aspekt ist wichtig, um zu entscheiden, ob man einen Kandidaten an einer Universität aufnimmt oder als Mitarbeiter einstellt: Man muss sich ein Bild davon machen, wie der Bewerber mit Unerwartetem umgeht.

Das also ist die Sichtweise des Prüfers. Der ist natürlich im Vorteil: Er leitet das Verfahren und hat das Überraschungsmoment auf seiner Seite. Manchen Anwärtern verschlägt es vor Verblüffung die Sprache, andere dagegen reagieren mit bemerkenswerter Gelassenheit. Ein junger Student soll bei einer Aufnahmeprüfung einem philosophischen Rätsel äußerst souverän begegnet sein – auf die Einstiegsfrage »Ist dies eine Frage?« antwortete er gelassen: »Nun, wenn das hier eine Antwort ist, dann muss es wohl eine gewesen sein, oder?« Eine solche Entgegnung würde den meisten von uns nicht einfallen – zumindest nicht spontan. Tatsächlich steht uns das Fachwissen, das wir uns über Jahre hinweg mühsam angeeignet haben, gelegentlich sogar im Weg. Selbst die besten Studenten der Ingenieurwissenschaften sind bei Fragen wie »Kann ein Thermostat denken?« oft ratlos. Wer jedoch ruhig und gelassen bleibt, verrät mit seiner Antwort vielleicht, dass er über sein technisches Wissen hinaus tieferen Einblick in das Wesen eines Thermostaten besitzt.

Auch Fragen wie »Sind Sie ein Roman oder ein Gedicht?« lassen manchen straucheln. Ein wacher Verstand bringt aber die richtige Antwort hervor. Schon ein flockiges »Ehrlich gesagt bin ich irgendetwas zwischen Rap-Text und Gebrauchsanweisung« verrät ein gutes Maß an Selbsterkenntnis. Wenn man gebeten wird, »einem Marsmenschen einen Löffel zu beschreiben«, setzt – wie in diesem Buch nachzulesen sein wird – eine sinnvolle Antwort voraus, dass man sich über den Körperbau des Marsmenschen Gedanken gemacht hat. Kann er hören? Sehen? Etwas greifen? Wenn der Marsmensch nur aus Gehirn besteht, eingeschlossen in einem Felsen, muss man weiter ausholen: Man muss erst erklären, was Finger sind, bevor man zum Löffel kommt.

Tatsächlich gehören Fragen, wie man einem Marsmenschen etwas erklären könnte, zu meinen Favoriten, denn sie gemahnen uns daran, dass Beredsamkeit, Stilsicherheit, Klugheit und Bildung gar nichts nützen, wenn wir gegenüber unseren Zuhörern und deren Möglichkeiten, Sachverhalte zu begreifen, vollkommen unsensibel sind. Diese Erkenntnis sollte vor allem Romanautoren, Journalisten und Lehrern in Fleisch und Blut übergehen.

Die Fragen, die John in diesem Buch zusammengetragen hat, sind alles andere als müßig. Ein neugieriger, forschender Verstand kann sich nicht auf eine einzige wissenschaftliche Disziplin stützen. Physiker müssen philosophisch denken, Philosophen tatsächliche Gegebenheiten berücksichtigen. Historiker, Mediziner und Mathematiker müssen fähig sein, Werte grob zu überschlagen, um empirische Daten zu prüfen.

Gesunder Menschenverstand ist hilfreich, schränkt das Denken aber auch ein. In einem Bewerbungsgespräch hilft es wenig, auf Fragen wie »Wie würden Sie das Gewicht Ihres Kopfes messen?« oder »Warum kann man in einem Raumschiff keine Kerze anzünden?« konsterniert mit »Warum um Himmels willen sollte ich das tun wollen?« zu antworten. Solche Antworten sind in der Tat nur in den seltensten Fällen hilfreich.

Vor allem die Zulassungskomitees der renommierten Universitäten von Oxford und Cambridge – kurz: Oxbridge – werden für ihre scheinbar absurden Fragestellungen häufig kritisiert. Meiner Meinung nach ist diesbezüglich Nachsicht geboten. Schließlich gibt es keinen Hinweis darauf, dass diejenigen, die mit den skurrilen Fragen am besten zurechtkommen, auch tatsächlich aufgenommen werden. Verstehen Sie dieses Buch bitte auch nicht als Geheimrezept dafür, wie man einen Studienplatz an einer Eliteuniversität oder einen Traumjob ergattert. Es beschäftigt sich mit den faszinierenden Denkmustern, die hinter den Fragestellungen stehen, und schildert Antwortmöglichkeiten. Die Antworten sind aber keine »Musterlösungen«, sondern Beispiele für die individuelle Herangehensweise des Autors. Tatsächlich würde ich dem Autor in einigen Fällen widersprechen. Die intellektuelle Auseinandersetzung mit seiner Antwort und die Ausformulierung meiner Gegenargumente empfand ich als unterhaltsam und anregend.

Die gedankliche Beschäftigung mit den absonderlich anmutenden Fragen ist nämlich nicht nur lehrreich, sondern bereitet auch großes Vergnügen – ebenso wie es, wenn wir in der Stimmung dazu sind, Spaß machen kann, auf die bohrenden Fragen kleiner Kinder wie »Warum sitzt die Nase nicht andersherum im Gesicht?« oder »Was denkt eine Kuh?« einzugehen. Wenn wir unsere anfängliche Irritation überwunden haben, lässt sich mit den hier vorgestellten skurrilen Fragen wunderbar spielen. Man kann mit Logik und Bedeutungen jonglieren, vergessen geglaubtes Einzelwissen aus den Tiefen des Gedächtnisses hervorkramen und diese Kenntnisse zu neuen Mustern verbinden. Dabei entwickelt man hilfreiche Strategien, Unerwartetem gelassen zu begegnen und strukturiert zu denken. Betrachten Sie die folgenden Fragen als geistige Fingerübungen – und widersprechen Sie dem Autor nach Herzenslust!

Libby Purves
London, 2009

 # Vorwort: Halten Sie sich für schlau?

Ich fange an zu denken ...

Dieses Buch ist eine Sammlung von Fragen und Antworten. Die Fragen stellen eine Auswahl der kuriosen, anspruchsvollen Aufgaben dar, die die Aufnahmekommissionen der Universitäten von Cambridge und Oxford den Bewerbern um einen Studienplatz stellen. Mit diesen Fragen sollen Studenten ermittelt werden, die einem Überraschungsmoment schnell mit eigenständigem Denken begegnen können. Das Besondere an den Fragen ist, wie sehr sie den Verstand anregen. Nicht nur Oxbridge-Anwärter veranlassen Fragen wie »Welche Bücher sind schlecht für Sie?«, »Verfolgt eine Pfadfinderin eine politische Agenda?« oder »Was passiert, wenn man eine Ameise fallen lässt?« sofort zum Nachdenken.

Meistens gehen wir ohne viel zu denken durchs Leben. Es besteht auch keine Notwendigkeit – unsere Erfahrung und unser Weltwissen lassen uns in fast allen Situationen automatisch reagieren. Die Fragen in diesem Buch lassen standardisierte Antworten nicht zu. Sie sind überraschend, verblüffend, befremdlich, albern und zum Teil schlichtweg nervtötend. Ihnen allen gemein ist, dass sie zum Denken anregen. Und das bereitet Freude – allein schon deshalb, weil uns das selten genug passiert. Ich habe ein paar dieser Fragen an Freunden ausprobiert: Erst lachten sie ungläubig, dann sprudelten sie vor Einfällen nur so über.

Ich glaube, Menschen lieben es nachzudenken. Es beflügelt uns und gibt uns das Gefühl, lebendig zu sein. Denken Sie nur daran, wie viele Menschen eifrig Sudokus und

Kreuzworträtsel lösen. Dabei sind auch diese nur Routine. Das Wunderbare an den hier gesammelten Fragen ist, wie viele verschiedene Arten des Denkens sie uns eröffnen. Tatsächlich gibt es für sie alle keine »richtige« Antwort. Einige scheinen zunächst unlösbar, und es ist erstaunlich, wie man mit ein wenig Wissen, ein bisschen Logik und einer guten Portion Kreativität doch zu einer passablen Antwort gelangen kann – oder zu einer verblüffenden Begründung, warum keine Antwort möglich ist.

Die hier vorgestellten Antworten sind meine eigenen – keine Musterlösungen für Studenten. In einer konkreten Prüfungssituation hätte ich wahrscheinlich ganz anders geantwortet. Nervosität lähmt unseren Verstand. Die Erläuterungen in diesem Buch entstanden ohne diese Belastung. Ich behaupte auch nicht, dass meine Antworten »richtig« sind. Tatsächlich werden den Prüfern von Oxbridge angesichts einiger meiner Ideen die Haare zu Berge stehen. Meine Antworten sollen lediglich Denkanstöße geben und mögliche Herangehensweisen an die Aufgabenstellungen aufzeigen.

Insgesamt habe ich versucht, meine Antworten so allgemein wie möglich zu halten, damit Sie, lieber Leser, mehr Raum für Ihre eigenen Gedanken haben. Einige Fragen erforderten allerdings eine persönliche Antwort. Außerdem habe ich versucht, die Fragen tatsächlich zu beantworten, anstatt ihnen geschickt auszuweichen, obwohl auch das wunderbar unterhaltsam und kreativ sein kann. Auf die Frage »Wie würden Sie mithilfe eines Barometers die Höhe eines Gebäudes bestimmen?« soll der Politiker und Autor Clement Freud, der die korrekte Antwort sehr wohl kannte, eine Palette brillanter, amüsanter Alternativen vorgeschlagen haben, wie das Barometer vom Dach des Hauses zu werfen und die Zeit bis zum Aufprall zu messen oder dem Portier das Barometer als Bestechungsgeschenk anzubieten, um von ihm die Höhe zu erfahren. Die richtige und eigentlich spannendere Antwort lautet: Man misst mit dem Barometer den Luftdruck am Boden und auf dem Dach und errechnet aus der Differenz die Höhe des Gebäudes. In der Regel habe ich Antworten wie diese formuliert. Sie dürfen natürlich so extravagant und einfallsreich argumentieren, wie Sie möchten.

Es gibt definitiv kein Patentrezept für die Beantwortung der hier vorgestellten Fragen. Journalisten nennen in diesem Zusammenhang gern den Begriff des »lateralen Denkens«, den Edward de Bono in seinem Buch *Laterales Denken. Ein Kursus zur Erschließung Ihrer Kreativitätsreserven* (1971) prägte. Während das konventionelle »vertikale Denken« strikt den Mustern der Logik folgt, werden beim »lateralen Denken« Fakten und Informationen in einem kreativen Prozess zu neuen Sichtweisen verknüpft. Da unsere Gedankengänge üblicherweise in festen Bahnen verlaufen, benötigen wir laut de Bono Techniken, die es uns erlauben, Problemstellungen aus völlig neuen Perspektiven zu betrachten. Die Methode des »lateralen Denkens« könnte zum Beispiel bei einer Werbekampagne Anwendung finden, indem aus einem Wörterbuch zufällig ein Begriff ausgewählt und mit dem zu bewerbenden Produkt in Verbindung gebracht wird. Eine solche Assoziation liefert viele Ideen.

Einige Fragen in diesem Buch lassen sich mit lateralem Denken lösen, zum Beispiel die Aufgabe, das Gewicht des eigenen Kopfes zu bestimmen. Viele andere erfordern schlichtweg eigenständiges Denken. Einige hinterfragen unsere Sicht der Welt. Manche beschäftigen sich mit globalen Problemen. Einige fordern Erklärungen, warum unsere Gesellschaft so ist, wie sie ist. Es gibt grundsätzliche Fragen zum Wesen der Realität und der Existenz. Manchmal ist auch einfach Ihre Meinung gefragt.

Meiner Ansicht nach liegt der Schlüssel zur Beantwortung dieser Fragen darin, kurz innezuhalten und sich zu überlegen, was die Frage bedeutet oder, noch besser, welche Bedeutungen *außerdem* mitschwingen. Die Antwort, die sich automatisch aufdrängt, ist die uninteressanteste, am wenigsten kluge. Bei einer spontanen Antwort hat man außerdem den Sinn der Frage meist nicht vollständig erfasst. Bei der Frage »Welche Bücher sind schlecht für Sie?« kann man rasch eine gängige Liste moralisch umstrittener Titel aufzählen – und die Antwort vielleicht noch ein wenig aufpeppen, indem man die Auswahl begründet. Interessante Aspekte der Frage, zum Beispiel was »schlecht« eigentlich bedeutet, werden dabei aber nicht berücksichtigt.

Manche Fragen wie »Welcher Prozentsatz des weltweit vorhandenen Wassers befindet sich in einer Kuh?« oder »Wie viele Einwohner hat Croydon?« scheinen auf den ersten Blick Spezialwissen abzufragen. Wenn man die Antwort weiß, toll. Richtig spannend, richtig klug ist es aber, ohne jegliches Fachwissen zu einer Antwort zu gelangen. Erstaunlicherweise ist das gar nicht so schwierig, wie man vielleicht glaubt. Man muss nur einen kühlen Kopf bewahren und die wenigen Dinge, die man weiß, auf richtige Weise miteinander kombinieren.

Als Titel dieses Buches habe ich die Oxbridge-Frage »Halten Sie sich für schlau?« gewählt, da sie das Thema gut zusammenfasst. Die hier vorgestellten Fragen kann man nur beantworten, wenn man schlau ist. In überraschender, amüsanter, anregender, irritierender, listiger, schelmischer, brillanter Weise schlau. Und das Schöne daran: Jeder kann schlau sein. Es geht in diesem Buch nicht um Wissen und auch nicht um Bildung. Es geht darum, die eigenen Gedanken in völlig neue Bahnen zu lenken. Und das kann jeder. Diese Fähigkeit ist nicht denjenigen vorbehalten, die glücklicherweise einen Studienplatz

in Oxbridge ergattert haben. Vielleicht sogar im Gegenteil:
Nichts steht echter Klugheit mehr im Weg als Selbstgefäl-
ligkeit.

Halten Sie sich für schlau?

Was für eine hinterhältige Frage! Antwortet man bescheiden mit »Nein«, nimmt einen der Prüfer vielleicht beim Wort und verwehrt den begehrten Studienplatz in Oxbridge, da dort bekanntermaßen nur schlaue Studenten aufgenommen werden. Antwortet man mit »Ja«, geht das auch leicht daneben.

Zunächst einmal ist davon auszugehen, dass der Fragesteller allein schon aufgrund seiner Position als Mitglied der Prüfungskommission klüger ist als man selbst. Und vielleicht schätzt er es gar nicht, wenn Sie sich auf eine Stufe mit ihm stellen. Außerdem ist jemand, der zu sehr von seiner Klugheit überzeugt ist, meist wenig offen für Neues – im Studium sind jedoch gerade Neugier und Lernbereitschaft gefragt. Wer angesichts dieser Pattsituation eine unverbindliche Antwort gibt, vermittelt wiederum den Eindruck, unentschlossen und zaghaft zu sein.

Schon seit der griechischen Antike hat Schläue einen faden Beigeschmack. Aristoteles betrachtete sie abschätzig als die Fähigkeit, praktische Alltagsprobleme zu lösen. Weise war ein Mensch in Aristoteles' Augen erst dann, wenn sich Klugheit mit moralischer Rechtschaffenheit paarte. Platon äußerte sich ebenso abfällig: »Unwissenheit ist kein schreckliches oder übermäßiges Übel. Große Klugheit ist viel schlimmer, wenn sie auf falschen Voraussetzungen fußt.« Seither haftet dem Schlausein ein zweifelhafter Ruf an, es wird mit Arglist und Prahlerei assoziiert. Miltons Satan wurde als »schlau« bezeichnet, ebenso

Mary Shelleys Frankenstein. Der Teufel mag schlau sein, doch nur Engel sind weise.

Wer also behauptet, schlau zu sein, präsentiert sich damit nur allzu leicht als verschlagen oder angeberisch – oder sogar als Narr, denn kein weiser Mensch würde sich selbst als schlau erachten, und wer wirklich schlau ist, gibt seine Klugheit nicht preis. Wie schon Rochefoucauld sagte: »Es ist eine große Schlauheit, seine Schlauheit verbergen zu können.« In seiner umfassenden Abhandlung *Great Works of Art and What Makes Them Great* von 1925 schrieb F. W. Ruckstull über die Zurschaustellung von Schlauheit: »Manet hätte ein großer Künstler werden können, doch moralische Kurzsichtigkeit verbannte ihn in die Ränge trivialer, wenn auch schlauer Handwerker.« So viel zu Manet. Selbst der brillante Oscar Wilde äußerte sich über seine eigene Klugheit nur selbstironisch: »Manchmal bin ich so geistreich, dass ich nicht ein einziges Wort von dem verstehe, was ich sage.« Vielleicht wäre das die perfekte Antwort auf die Oxbridge-Frage.

Auf die Frage »Halten Sie sich für intelligent?« hätte ich vermutlich anders geantwortet. Intelligenz hat nicht den negativen Beigeschmack des Schlauseins. Schläue beinhaltet das Ziel, andere zu übertrumpfen. Intelligenz ist objektiv. Doch auch diese Fragestellung birgt Probleme, da es keine allgemeine Definition von Intelligenz gibt und keine anerkannte Methode, sie zu messen. Die einst beliebten Intelligenztests sind heute diskreditiert: Erstens lassen sich die Ergebnisse nachweislich durch Üben verbessern, zweitens sind die Tests kulturgebunden. Wenn Sie also auf die Frage »Halten Sie sich für intelligent?« mit »Ja, ich habe einen IQ von 155« antworten, empfiehlt Ihnen das Auswahlkomitee vermutlich, dem Verband für hochintelligente Menschen Mensa International beizutreten, statt in Oxbridge zu studieren.

Bei der Frage »Halten Sie sich für schlau?« sind die Prüfungskomitees der Universitäten womöglich mit der Replik »Ich bin so schlau, wie Sie mich haben wollen« zu beeindrucken, der ein witziger Katalog von Gründen ähnlich Cyrano de Bergeracs Loblied auf seine Nase folgt. Da die klugen Köpfe von Oxbridge ihr Leben lang die Erfahrung gemacht haben, mit gewissem Argwohn und Neid betrachtet zu werden, werden sie sicher einen Anwärter zu würdigen wissen, der ihre Andersartigkeit zu feiern weiß. Die Würfel sind ohnehin schon gefallen, wie William Wordsworths Nichte Elizabeth 1890 befand:

Wären alle guten Menschen klug
Und alle klugen Menschen gut,
Wäre die Welt viel schöner
Als in den kühnsten Träumen ausgemalt.
Doch leider kommen die beiden Wesen
Nur selten gut miteinander aus.
Die Guten sind so hart zu den Klugen,
Die Klugen so grob zu den Guten.

🐜 Was passiert, wenn man eine Ameise fallen lässt?

Physik, Oxford

Diese Frage könnten Sie auf vielerlei Weise beantworten – humorvoll und menschlich, knapp und faktisch oder überhöht existenzialistisch. Da sie aber an einer Fakultät für Physik gestellt wurde, sollte man sich mit dem wissenschaftlichen Aspekt des Ameisenfalls beschäftigen.

Man könnte also anmerken, dass die Ameise, sofern sie zu den flügellosen Arten gehört, von der wechselseitigen Anziehungskraft zwischen Erde und Tier nach unten gezogen wird und mit wachsender Geschwindigkeit Richtung Boden fällt. Platsch. Aber es gehört mehr dazu. Ameisen sind so klein und leicht, dass ihr Fall vom Luftwiderstand erheblich gebremst wird. Auf ihrem Weg nach unten kollidiert die Ameise mit zahllosen Luftmolekülen. Ein menschlicher Fallschirmspringer kann eine maximale Geschwindigkeit von etwa 50 bis 90 Metern pro Sekunde erreichen. Bei den leichten Ameisen ist die Endgeschwindigkeit so gering, dass sie sachte zu Boden schweben und den Aufprall problemlos überleben.

Tatsächlich zeigen jüngste Forschungsergebnisse aus Peru, dass die flügellosen Arbeiter eines Ameisenstaats die Fähigkeit besitzen, durch die Luft zu gleiten. Lässt man die Ameise fallen, stürzt sie zunächst senkrecht Richtung Boden. Doch dann streckt sie wie ein menschlicher Fallschirmspringer in der Phase des freien Falls die Beine aus, um den Luftwiderstand zu erhöhen. Mithilfe von Beinbewegungen kontrolliert sie den Sturz schließlich so, dass sie in einen sanften Gleitflug mit einer Geschwindigkeit von

4 Metern pro Sekunde übergeht. Da die Hinterbeine der Ameise länger sind als die Vorderbeine, scheint sie dabei rückwärts zu gleiten.

Die Gesetze der Physik reichen noch weiter, denn selbst ein einfacher Vorgang wie das Fallenlassen einer Ameise löst ein komplexes Zusammenspiel von Kräften und Gegenkräften aus. Zum Beispiel ist zu berücksichtigen, dass die Schwerkraft die gegenseitige Anziehung von Massen bewirkt. Während die Ameise also zur Erde fällt, bewegt sich die Erde nach oben in Richtung Ameise. Angesichts der verschwindend geringen Masse der Ameise ist die Aufwärtsbewegung der Erde unmessbar klein. Durch hochsensible Messungen in anderen Bereichen ist jedoch erwiesen, dass sie tatsächlich stattfindet. Außerdem löst, wie das dritte newtonsche Axiom besagt, jede Aktion (Kraft) eine gleich große Reaktion (Gegenkraft) aus. Das Fallenlassen der winzigen Ameise bewirkt deshalb einen nicht wahrnehmbaren Impuls auf der Hand.

Wenn wir schon bei unermesslich kleinen Bewegungen sind: Erinnern wir uns doch an die Chaostheorie und Edward Lorenz' Idee, dass der Flügelschlag eines Schmetterlings in Brasilien einen Tornado in Texas auslösen könnte: Die durch den Flügelschlag initiierte winzige Bewegung der Luft setzt größere, sich vervielfachende Bewegungen in Gang, die schließlich fernab der Ursprungsorts in einem Tornado gipfeln. Selbst ein kleines Ereignis wie das Fallenlassen einer Ameise kann also zahlreiche unvorhersehbare Auswirkungen in jeder Dimension besitzen – von minimal bis gewaltig. In gewisser Weise ist es also unmöglich zu sagen, was passiert, wenn man eine Ameise fallen lässt.

Nach Einsteins allgemeiner Relativitätstheorie besitzt dieses scheinbar triviale Ereignis noch eine weitere Facette. Einstein führt die Schwerkraft auf ein geometrisches Phänomen in einer gekrümmten Raumzeit zurück. Energie – auch die Bewegung einer Ameise Richtung Erde – verändert die Beschaffenheit der Raumzeit. Nach Einsteins spezieller Relativitätstheorie bewirkt der Sturz der Ameise außerdem eine unvorstellbar winzige Veränderung in der Zeitrelation zwischen Mensch und Ameise. Doch es bleibt Ihnen überlassen, wie tief Sie in dieses Thema einsteigen wollen ...

Der Weltrekord im Stabhochsprung liegt bei 6,14 Metern. Warum sind Höhen von mehr als 6,40 Metern nicht möglich?

Informatik, Cambridge

Aus dem Stand kann selbst ein Känguru nicht besonders hoch springen. Deswegen nehmen Athleten beim Stabhochsprung ebenso wie beim Hochsprung erst einmal Anlauf. Sie nutzen den Schwung aus dem Anlauf und setzen ihn in eine Aufwärtsbewegung um. Mithilfe des Stabs lässt sich der größtmögliche Anteil der Schwungkraft übertragen. Das bedeutet in der Begrifflichkeit der Physik: Der Stab, der die kinetische Energie aus dem Anlauf aufnimmt, wird als Hebel eingesetzt, um die Schwerkraft, genauer gesagt die potenzielle Energie im Gravitationsfeld, zu überwinden. Die maximale Höhe, die ein Stabhochspringer erreichen kann, wird ebenfalls durch physikalische Gesetze definiert.

Im Idealfall würde ein Hochspringer die gesamte kinetische Energie aus dem Anlauf in vertikale Beschleunigung umwandeln. In der Praxis geht jedoch selbst bei einem perfekten Absprung Energie durch Reibung und das Biegen des Stabs verloren. Dennoch lässt sich errechnen, welche Höhe ein Stabhochspringer unter idealen Bedingungen erreichen könnte. Die maximale Höhe hängt letztlich von der Anlaufgeschwindigkeit ab.

Die dem Stabhochspringer maximal zur Verfügung stehende kinetische Energie (T) lässt sich aus seinem Körpergewicht, also der Masse (m), und der Anlaufgeschwindigkeit (v) anhand der Formel $T = 1/2\, mv^2$ bestimmen. Über die Gleichung $E_{pot} = mgh$ wird anhand der Erdbeschleunigung (g), der Masse des Athleten (m) und der Höhe über dem Boden (h) die potenzielle Energie ermittelt. Die Erdbeschleunigung wird dabei mit $g = 9,8$ m/s² angesetzt. Da die Masse in beiden Gleichungen vorkommt, kann sie gekürzt werden. Die im Stabhochsprung maximale erreichbare Höhe lässt sich folglich durch $h = (\frac{1}{2}v^2/g)$ aus der Anlaufgeschwindigkeit ableiten. Das Ergebnis erfordert lediglich kleine Korrekturen durch Einfluss der Körpergröße das Stabhochspringers und seines Masseschwerpunkts.

Experten zufolge wird die größte Höhe, die ein Stabhochspringer je erreicht, bei etwa 6,40 Metern liegen. Der aktuelle Weltrekord von 6,14 Metern wurde am 31. Juli 1994 von dem Ukrainer Serhij Bubka aufgestellt. Insgesamt haben bisher lediglich 16 Männer die 6-Meter-Marke übersprungen. Da Frauen in der Regel kleiner sind und geringere Anlaufgeschwindigkeiten erreichen, springen sie nicht so hoch. Nur eine Frau, Jelena Issinbajewa, hat je die 5-Meter-Marke überwunden. Experten schätzen die für Frauen maximal zu bewältigende Höhe auf 5,30 Meter.

Wenn Sie in die Vergangenheit reisen könnten, wohin würden Sie gehen und warum?

Jura, Oxford

Was für eine Gelegenheit! Wer würde nicht gern durch die Zeit reisen, und sei es nur in die jüngste Vergangenheit? Man könnte die schönsten Momente des Lebens noch einmal erfahren oder Entscheidungen korrigieren, die sich im Nachhinein als falsch erwiesen haben. Oder sollte man gleich eine historische Fernreise machen, in ein lange untergegangenes Reich? Welche Magie, ein echtes, lebendiges Land der Vergangenheit zu besuchen! Das Erlebnis wäre so überwältigend, dass man wahrscheinlich jedes Reiseziel annehmen würde. Was für eine Chance, Höhepunkte der Geschichte als Augenzeuge mitzuerleben – Julius Cäsars triumphale Rückkehr nach Rom und seine Ernennung zum Diktator oder die Krönung Karls des Großen zum römischen Kaiser am Weihnachtstag des Jahres 800. Ebenso spannend wäre es, das Alltagsleben einer beliebigen Epoche mitzuerleben, im Mittelalter einem Bauern zuzusehen, wie er sich am Morgen eines harten Arbeitstages müde aus dem Bett erhebt, oder im 18. Jahrhundert ein Hausmädchen zu belauschen, das sich zwischen zwei Aufgaben rasch mit ihrem Galan trifft. Lasst mich nur in die Zeitmaschine einsteigen, egal wohin sie mich führen mag!

Bei einer Oxbridge-Frage ist jedoch eine Entscheidung nötig. Ich persönlich würde liebend gern in die Zeit Mozarts zurückreisen und einem seiner Konzerte beiwohnen. Das wäre wirklich sensationell. Andererseits würde es vielleicht nicht mehr Vergnügen bereiten, als in der Gegenwart einen spannenden Kinofilm zu sehen. Was aber, wenn wir bei einer Reise in die Vergangenheit die fast göttliche Macht hätten, den Lauf der Geschichte zu verändern? Dann wäre es sträflich, unser Wissen über historische Entwicklungen nicht in diesem Sinne einzusetzen.

Vielleicht würde ich an den Morgen des 28. Juni 1914 in Sarajevo zurückkreisen und die bosnische Polizei auffordern, Erzherzog Franz Ferdinand vor Gavrilo Princip zu schützen. Die Ermordung des Thronfolgers Österreich-Ungarns durch Princip an diesem Tag löste die Julikrise aus, die schließlich zum Ersten Weltkrieg führte. Vielleicht hätte ein kleiner Hinweis diesen Krieg verhindern können, den grausamsten und schrecklichsten Krieg, den die Welt bis dahin gesehen hatte, in dem Millionen Menschen starben und dessen dunkler Schatten bis heute die europäische Geschichte prägt. Ohne den Ersten Weltkrieg wäre eventuell auch Hitlers Aufstieg nicht möglich gewesen, denn sein politischer Erfolg gründete größtenteils im Protest gegen die Reparationszahlungen, die Deutschland nach dem Ersten Weltkrieg auferlegt wurden. Damit hätte auch der Zweite Weltkrieg verhindert werden und Millionen Menschenleben in aller Welt gerettet werden können. Vielleicht hätte es keinen Holocaust gegeben ...

Natürlich ist es aufgrund der Vielschichtigkeit historischer Entwicklungen unmöglich vorherzusagen, welche Folgen dieser singuläre Eingriff tatsächlich gehabt hätte. Mag sein, dass die Weltgeschichte statt dunkler Epochen von Zufriedenheit, Glück und hoher Lebensqualität geprägt gewesen wäre, vielleicht wären aber auch noch größere Schrecken gefolgt. Nach dem Konzept der Chaostheorie, dass der Flügelschlag eines Schmetterlings in Brasilien einen Tornado in Texas auslösen könnte, ist außerdem denkbar, dass ein noch viel unbedeutenderer Eingriff in die Geschichte als die Verhinderung eines Attentats auf einen Thronfolger immense Auswirkungen auf die ganze Welt haben könnte.

Wenn ich aus meiner Zeitmaschine heraus nur beobachten, nicht eingreifen könnte, würde ich versuchen, auf meiner Reise etwas zu lernen, was für die Gegenwart nützlich ist. Natürlich bestände die Gefahr, dass meine Erkenntnisse nach meiner Rückkehr als reine Hirngespinste erachtet würden. Was aber, wenn ich die Menschen überzeugen könnte? Erneut lassen sich keine Vorhersagen treffen. Ein kleiner, unbedeutender Moment aus dem Alltagsleben in der Vergangenheit kann für die Gegenwart ebenso bedeutsam sein wie die großen Ereignisse der Weltgeschichte. Als Agnostiker würde ich selbst gern 2000 Jahre zurück ins Heilige Land reisen. Für mich persönlich – und vielleicht auch für die Allgemeinheit, sollte ich Belege sammeln können – wäre es eine unglaubliche Bereicherung festzustellen, dass die biblische Darstellung von Jesus Christus der Wahrheit entspricht.

Sollte ich Jesus Christus aber nicht begegnen, wäre die Reise natürlich umsonst gewesen. Vielleicht sollte ich also doch einfach in die Zeitmaschine einsteigen, egal wohin die Reise mich führt …

 Sind Sie cool?

Philosophie, Politik und
Volkswirtschaft, Oxford

Sollten Sie die Frage wörtlich als »Sind Sie kühl?« auffassen, dürften Sie das bejahen. Mit 36,8 Grad besitzt der
Mensch eine kühle Körpertemperatur. Wie bei allen Säugetieren sorgt ein präziser Steuerungsmechanismus dafür, dass die Körpertemperatur konstant bleibt. Tatsächlich verfügt der Mensch über besonders gute Mechanismen zur Kühlung. Wir haben kein Fell und können durch
starkes Schwitzen Wärme abgeben. Nur Pferde schwitzen
so viel wie Menschen, aber Pferde gehen ja auch nicht aufrecht, weshalb ein größerer Teil ihres Körpers der Sonne
ausgesetzt ist. Sinkt meine Körpertemperatur nur um ein
Grad, wird mir sofort kalt. Fällt sie um deutlich mehr als
ein Grad, droht eine gefährliche Unterkühlung; meine Lip-
pen werden blau, die Finger und Zehen werden taub und
mein ganzer Körper zittert, um Wärme zu erzeugen.

Wahrscheinlich ist der Fragende aber nicht an Ihrer Körpertemperatur interessiert, sondern verwendet »Coolness«
im übertragenen Sinn. Im letzten Jahrzehnt hat sich unter
jungen Leuten »cool« als positives Attribut derart eingebürgert, dass der Ausdruck längst nicht mehr »cool« ist.
Die Bezeichnung ist überstrapaziert und abgedroschen.
Die Vorstellung, die hinter dem Begriff steckt, wird jedoch
weiterleben, denn das Konzept der Coolness – die ironische, scheinbar mühelose Überlegenheit gegenüber dem
Mainstream – ist uralt. Aristoteles beschrieb diese Haltung
in seiner *Nikomachischen Ethik*. In der Renaissance pries
der italienische Diplomat und Schriftsteller Baldassare

Castiglione die *sprezzatura*, die Fähigkeit, auch anstrengende Taten leicht und mühelos erscheinen zu lassen, als wesentliche Eigenschaft des perfekten Hofmannes. In Leonardo da Vincis *Mona Lisa* findet die aristokratische Nonchalance und Distanziertheit bildliche Darstellung. Aber auch am anderen Ende des sozialen Spektrums gab es immer Menschen, die ihrer benachteiligten Lebenssituation mit ironischem und rebellischem Witz begegneten.

Das heutige Konzept der Coolness entstammt vermutlich der von schwarzen Musikern geprägten Jazzkultur im Amerika der 1930er- und 1940er-Jahre. Mit dem Cool Jazz entstand dort eine Musikrichtung, die von einer lässigen, distanzierten Grundhaltung geprägt war. Später setzten Hip-Hop und Rap dieser Haltung ein aggressives, rebellisches Element entgegen. Die durch diese Musikrichtungen geprägte Vorstellung von »cool« wurde weltweit von der Jugendkultur als Definition ihres Lebensgefühls übernommen.

Im Zuge dieser Popularisierung veränderte sich der Charakter des Begriffs »Coolness« erneut: Er bezeichnete nicht mehr die Strategie farbiger Jugendlicher, angesichts von Diskriminierung und Chancenlosigkeit Stolz und Selbstachtung zu bewahren. »Cool« wurde zu einer beliebigen, harmlosen Bezeichnung für alles Positive.

Bei der Beschreibung von Menschen hat Coolness auch despektierlichen Charakter: Als »cool« gelten alle, die im Trend der Zeit liegen, schick, elegant und weltmännisch sind. Sie grenzen sich damit von den »uncoolen« Außenseitern ab. Tatsächlich dient der Begriff häufig dazu, Menschen, die dem Konzept des »Angesagtseins« nicht entsprechen, zu mobben. Die Werbeindustrie verwendet das Idealbild des »Coolseins« schamlos als Verkaufsargument. Was für eine Ironie, dass das einst rebellische »cool« heute einen snobistischen, extravaganten Lebensstil definiert!

Wegen des aggressiven, abwertenden Aspekts erkläre ich gern und leidenschaftlich: Nein, ich bin nicht cool. Mir ist eine Lebenshaltung zuwider, die jene herabsetzt, die nicht ins Konzept passen: die Verletzlichen, die Schüchternen, die Andersdenkenden. Ich sträube mich auch gegen die Vorherrschaft eines auf Äußerlichkeiten bezogenen, oberflächlichen Wertekanons. Ich möchte nicht »cool« sein, wenn dies bedeutet, distanziert, abweisend, desinteressiert und emotional unaufrichtig zu sein, und damit alle Eigenschaften ausschließt, die die Welt zu einem schöneren, freundlicheren Ort machen könnten.

Unabhängig von meinen eigenen Gedankengängen würden mir viele Freunde jede Form von »Coolness« mit Sicherheit absprechen: Ich habe keinen Sinn für Stil, bin dem Trend nie um einen Schritt voraus, ich bin nicht lässig, nicht überlegen und als Mann auch nicht unwiderstehlich. Allerdings kann ich ebenso wenig behaupten, von heißer südamerikanischer Leidenschaft getrieben zu sein. Vielleicht müsste ich also antworten, dass ich nicht »cool« bin, sondern lauwarm.

Wenn es einen allmächtigen Gott gäbe, könnte er einen Stein erschaffen, den er selbst nicht hochheben kann?

Klassische Philologie, Oxford

Diese Frage beschäftigt Theologen und Philosophen schon seit Jahrhunderten. Hinter dem sogenannten Allmachtsparadoxon steht die Überlegung, dass Gott nicht allmächtig sein kann, wenn er in der Lage ist, etwas zu tun, das seine Allmacht einschränkt. Die Argumentation lautet wie folgt: Kann Gott einen solchen Stein erschaffen, verliert er seine Allmächtigkeit, da er den Stein anschließend nicht hochheben kann. Kann er ihn nicht erschaffen, ist er ebenfalls nicht allmächtig, da ihm die Fähigkeit dazu fehlt. Letztlich wird damit sogar die Existenz Gottes geleugnet, da dieser stets als allmächtig verstanden wird.

Theoretiker haben sich dieser Fragestellung mit erstaunlicher Ausdauer gewidmet und verschiedenste Überlegungen zur Beschaffenheit eines solchen Steines angestellt: was er wiegen müsste, welche Eigenschaften die Bewegung verhindern könnten und so weiter.

Dabei ist das Allmachtsparadoxon überhaupt kein echtes Paradoxon – hier wird schlichtweg mit sich gegenseitig ausschließenden Begriffen gearbeitet. Es kann keinen Stein geben, den ein allmächtiger Gott nicht aufheben kann. Ein solcher Stein entspräche einem eckigen Kreis, einem verheirateten Junggesellen oder einer sonnigen Nacht. Diese Annahme ist also unsinnig. Ein allmächtiger Gott kann keinen Stein schaffen, den er nicht hochheben kann, aber das bedeutet nicht, dass er nicht allmächtig ist. Diese Logik ist einfach falsch.

Natürlich würden viele Theologen anführen, dass Gott ohnehin über den Gesetzen der Logik steht. Eine Antwort auf die Frage »Kann Gott einen Stein erschaffen, den er nicht hochheben kann?« würde also lauten: »Er kann diesen Stein erschaffen – und er kann ihn hochheben.« Das Wirken Gottes geht über die menschliche Vorstellungskraft hinaus. Er schuf das Universum aus dem Nichts, und wenn er wollte, könnte er auch bewirken, dass 2 plus 2 5 ergibt.

Dieses Paradoxon mag also kein echtes sein, es gibt aber tatsächlich fundamentale Fragen, die hochinteressant sind und dennoch unlösbare Widersprüche beinhalten. Zum Beispiel: Was war vor Anbeginn der Zeit? Oder: Was befindet sich jenseits des Universums, wenn das Universum die Gesamtheit aller Dinge bezeichnet? Kann das Unendliche endlich sein? Wie kann die Ewigkeit anfangen und enden? Ironischerweise haben Fragen wie diese einige Kosmologen zum Glauben an Gott geführt, denn offenbar gibt es Dinge, die über den menschlichen Verstand hinausweisen.

Sollte jemand seine Niere verkaufen?

Medizin, Cambridge

Seit den ersten Organtransplantationen in den 1960er-Jahren ist der Mangel an Organspendern ein Problem. Zurzeit warten in Europa und in den USA geschätzte 170 000 Patienten auf eine Niere, jedes Jahr kommen weitere 5000 Menschen dazu. Die meisten transplantierten Nieren stammen von toten Spendern, da man jedoch auch mit nur einer Niere problemlos überleben kann, käme fast jeder Mensch für die Organspende infrage. In Großbritannien kommt bereits jede zehnte Niere von einem lebenden Spender, in den USA sogar jede vierte. Nieren von Lebendspendern sind in der Regel in besserem Zustand und für den Empfänger oft besser verträglich, vor allem wenn sie von nahen Verwandten stammen. Lebendspenden ersparen Kranken zudem das zermürbende Warten darauf, dass ein Mensch mit einer passenden, funktionstüchtigen Niere stirbt.

Das Problem besteht natürlich darin, dass nicht jeder einen großherzigen Verwandten greifbar hat. Also suchen Patienten aus wohlhabenden Ländern zuweilen in der Dritten Welt nach Spendern. Preise von deutlich über 4000 Euro veranlassen manch mittellosen Einwohner von Pakistan oder Kolumbien, eine Niere zu verkaufen. Die meisten Regierungen versuchen, den Organhandel zu unterbinden. Da jedoch wohlhabende Patienten in reichen Ländern nach wie vor dringend Transplantate benötigen und es den Bewohnern von Entwicklungsländern an Geld mangelt, werden die Organe auf dem Schwarzmarkt verkauft. Schätzungen zufolge werden jedes Jahr weltweit etwa 6000 Nieren gegen Bezahlung abgegeben. In Pakistan gibt es etliche Dörfer, in denen vier von zehn Einwohnern nur noch eine Niere besitzen.

Die Organhändler rechtfertigen sich so: Die Nierenpatienten sind sehr krank, und wenn ihnen ein Mensch durch eine Organspende helfen kann, warum sollte er das nicht tun? Und wenn der Nierenkranke über entsprechende Mittel verfügt, warum sollte er einen armen Spender nicht mit einer großzügigen Bezahlung entlohnen? So profitieren beide: Der Patient erhält eine neue Niere und seine Gesundheit zurück, der Spender bekommt Geld, mit dem er seine Familie ernähren kann. Der Medienforscher David Holcberg vom US-amerikanischen Ayn Rand Center for Individual Rights rechtfertigt diese Vorgehensweise durch das Recht auf Selbstbestimmung: »Das Recht, ein Organ zu kaufen, ist Teil des Rechts auf Leben. Recht auf Leben bedeutet, dass es einem vernunftbegabten Wesen zusteht, alle Maßnahmen zu ergreifen, die das eigene Leben aufrechterhalten. Dieses Recht wird außer Kraft gesetzt, wenn es per Gesetz verboten ist, eine lebensrettende Niere oder Leber zu erwerben. Holcberg argumentiert, dass selbstverständlich auch arme Leute »die Eigenschaft der Vernunftfähigkeit besitzen«.

Aber natürlich liegt der Fall nicht so einfach. Das Spenden einer Niere ist kein alltäglicher, harmloser Vorgang wie der Verkauf eines Möbelstücks. Die Organentnahme stellt einen schwerwiegenden operativen Eingriff dar. Stümperhaft durchgeführte illegale Operationen schädigen die Gesundheit des Spenders oft fundamental. Und selbst wenn die Entnahme gut verläuft, kann der Spender zwar mit nur einer Niere wunderbar weiterleben, verfügt aber bei einer eigenen Erkrankung über keinerlei Sicherheit. Viele arme Fischer in Südindien, die nach dem Tsunami 2004 eine Niere verkauft haben, bereuen das heute zutiefst.

Auch die Frage, ob jemand eine Niere kaufen sollte, verdient eine Antwort. Diese lautet meiner Ansicht nach: Nein. Es ist wunderbar, wenn jemand freiwillig und unentgeltlich eine Niere spendet. Eine Bezahlung beinhaltet jedoch immer die Gefahr, die verzweifelte Lage eines anderen auszunutzen und dessen Gesundheit zu gefährden. Es ist kein Zufall, dass in den reichen Industrieländern niemand seine Niere verkauft. In der Dritten Welt sehen sich Menschen aus existenzieller Not oft dazu gezwungen, ihre Gesundheit zum Wohle der Familie zu opfern. 2007 schrieb William Saletan in dem Online-Magazin *Slate*, die Spender seien typischerweise »Fischer oder Arbeitslose, die dringend Geld benötigen und keine andere Möglichkeit sehen, es zu bekommen. Die Zwischenhändler lassen sie aufschneiden und die Nieren entnehmen, bezahlen ihnen einen Bruchteil der Gewinnsumme und überlassen sie ihrem Schicksal, denn die Nachsorge würde nur weitere Kosten verursachen. Diejenigen, die sich danach so weit erholen, dass sie wieder arbeiten können, haben wirklich Glück.«

Unsere Einstiegsfrage wurde aber interessanterweise aus der Sicht des Spenders gestellt. Dadurch wird die Sache knifflig. Als (vergleichsweise!) wohlhabendem Einwohner eines europäischen Landes steht es mir selbstverständlich nicht zu, einen Spender zu verurteilen, der sich trotz aller Gesundheitsrisiken zum Verkauf einer Niere entscheidet. Ich wünsche es niemandem, je in eine solche Zwangslage zu geraten, kann aber jeden verstehen, der Leid und Risiko auf sich nimmt, um seiner Familie ein besseres Leben zu ermöglichen. Vielleicht bewundere ich sogar den Mut dieser Menschen, auch wenn ich die schreckliche soziale Ungleichheit verdamme, die sie zu solchen Entscheidungen treibt. Lautete die Frage »Würden Sie eine Niere verkaufen?«, müsste ich, sofern ich dadurch die Lebensqualität meiner Familie verbessern könnte, mit einem zögerlichen »Ja« antworten. Zögern ließe mich der Gedanke, meiner Familie durch meine gesundheitliche Gefährdung eher Leid zuzufügen, statt sie zu entlasten. Diese Sorge allein würde mich wahrscheinlich von einem solchen Unterfangen abhalten. Auf die Frage »Sollte jemand seine Niere verkaufen?« muss die Antwort eindeutig »Nein« lauten, denn diese Entscheidung kann ausschließlich der Spender treffen, sonst niemand. In diesem schwierigen Dilemma hat ein »Sollte« keinen Platz.

Ist es moralisch verwerflich, einen Psychopathen (dessen einziger Genuss das Töten ist) an eine die Realität simulierende Maschine anzuschließen, sodass er sich in der Wirklichkeit zu befinden glaubt und nach Belieben töten kann?

Philosophie, Cambridge

Diese eindeutig grausame, geschmacklose Vorstellung erinnert an einen Low-Budget-Horrorfilm – dessen schreckliche Wendung dann wäre, dass die simulierten Morde real würden. Die Idee, einen Psychopathen seine grauenhaftesten Fantasien ausleben zu lassen, ist außerdem zutiefst verstörend. Doch so empörend diese Vorstellung auch sein mag, die Frage ist berechtigt.

Das beschriebene Verfahren würde vermutlich erst dann diskutiert, wenn der Psychopath sich bereits in einem Krankenhaus befindet, in dem seine Störung geheilt werden soll. In diesem Fall wäre es unsere moralische Pflicht, alles für seine Gesundheit zu tun. Es ist kaum vorstellbar, dass die Anwendung einer solchen Maschine etwas anderes als einen Rückschritt in seiner Behandlung bedeuten könnte. Sofern es keine handfesten Beweise dafür gibt, dass das simulierte Töten für seine Genesung förderlich ist, würden wir durch diese Prozedur unsere Fürsorgepflicht gegenüber dem Patienten verletzen.

Gäbe es überzeugende Belege für die heilende Wirkung des Simulators, wäre die Nutzung des Apparats zwar moralisch unbedenklich, aber es bliebe zu entscheiden, ob er auch gegen den Willen des Patienten angewendet werden dürfte. Die chemische Kastration von Pädophilen beinhaltet ein ähnliches moralisches Dilemma. Ist ein solcher Eingriff erlaubt, wenn er die Chancen des Pädophilen erhöht, normal unter Menschen zu leben, ohne Kinder zu gefährden? Die meisten Menschen würden darin übereinstimmen, dass Pädophile niemals zwangskastriert werden dürfen. Man kann ihnen höchstens zugestehen, diese Entscheidung selbst zu treffen – und ihnen dabei gewissenhaft mit Rat und Tat zur Seite stehen.

Analog ist es nur dann moralisch vertretbar, den Psychopathen an den Simulator anzuschließen, wenn dieser damit einverstanden ist. Aber man darf ihn nicht dazu zwingen, auch wenn alles dafür spricht, dass eine solche Behandlung hilfreich ist. Das Gleiche gilt für alle Patienten, die sich aufgrund von psychischen Problemen in stationärer Behandlung befinden. Jede Behandlung muss mit ihrem Einverständnis erfolgen. Man sollte Patienten nur dann ohne ihre Zustimmung behandeln, wenn sie tatsächlich nicht in der Lage sind, eine durchdachte Entscheidung zu treffen – unter der Bedingung, dass die mit ihrer Pflege Betrauten nach reiflicher Überlegung die Maßnahmen befürworten. Unsere persönliche Meinung ist nebensächlich: Psychisch Kranke, selbst Psychopathen, haben ein Recht darauf, eigene Entscheidungen zu treffen, solange sie geistig dazu in der Lage sind und damit niemanden schädigen.

Wir mögen die Idee simulierter Morde zwar abstoßend finden, interessanterweise unterscheiden sich Verbrechen im Geiste jedoch radikal von wirklich ausgeführten. Wir alle stellen uns gelegentlich vor, eine kriminelle Tat zu begehen. Wer hätte nach einem Mathe-Fünfer nicht schon davon geträumt, die Schule in Brand zu stecken oder nach einer Demütigung den Chef zu erwürgen? Es kommt allein darauf an, diese Fantasien nicht umzusetzen. Unsere Gedanken können wir nicht immer beherrschen, unsere Taten aber sehr wohl. Während wir also selbst gelegentlich unsere Dämonen im Kopf bekämpfen und andere versuchen, uns »böse« Gedanken auszureden, ist es der Gesellschaft auf keinen Fall gestattet, unsere Gedanken zu bestrafen, nur unsere Taten.

Wenn also der virtuelle Amoklauf eines Psychopathen niemandem schadet, dann gibt es keinen Grund, ihm den Zugang zu einem solchen Simulator zu verwehren. Gleichzeitig sind wir aber auch nicht verpflichtet, ihm aktiv zu helfen, indem wir ihm eine solche Maschine zur Verfügung stellen. In einem Gefängnis hätte die Verwaltung jedes Recht, dem Psychopathen die Bereitstellung einer solchen Maschine zu verweigern. Erstaunlicherweise erlauben Gefängnisse ihren Insassen oft den Zugang zu Computern mit Killerspielen. Ob das klug ist, darf bezweifelt werden, aber unmoralisch ist es nicht.

Sollten Krankenkassen auch die Behandlungskosten stark übergewichtiger Menschen übernehmen?

Sozial- und Politikwissenschaften, Cambridge

Natürlich. Unser Krankenversicherungssystem ist dafür da, jedermann kostenlose Behandlung zu garantieren. Die Frage sorgt vielleicht bei der schrumpfenden Mehrheit schlanker Menschen für Empörung. Übergewicht erhöht das Risiko für Krankheiten, und manche Menschen sind fettleibig, weil sie sich bewusst überessen. Man könnte also argumentieren, dass ihre Erkrankungen teilweise selbst verschuldet seien und damit das Recht auf kostenlose Behandlung entfiele. Doch eine solche Argumentation ist schwer zu begründen. Keine Erkrankung steht in einem direkten kausalen Zusammenhang zum Übergewicht, und nur bei einigen Krankheiten ist die Beleibtheit ein bedeutender Risikofaktor. Viele Gesundheitsprobleme, mit denen Dicke zu kämpfen haben, haben überhaupt nichts mit ihrem Gewicht zu tun.

Doch selbst wenn sich jede Erkrankung dicker Menschen direkt auf ihr Gewicht zurückführen ließe, wäre es nicht gerechtfertigt, ihnen eine kostenlose Behandlung zu verweigern. Zunächst einmal ist nicht bewiesen, dass sie ihre Fettleibigkeit freiwillig verursacht haben (das tun die wenigsten!). Doch selbst wenn: Wir alle nehmen gesundheitliche Risiken in Kauf – wir fahren Motorrad oder Snowboard, rauchen, trinken, arbeiten auf Gerüsten und in Minen. Und trotzdem bekommen wir alle eine kostenlose Versorgung, selbst bei Krankheiten, die wir durch unseren Lebensstil selbst verschuldet haben. Innerhalb unseres Krankenversicherungssystems ist diese Schuldfrage irrelevant.

Selbstverständlich hat die Leistungsfähigkeit unseres Gesundheitssystems ihre Grenzen, deswegen werden Mittel bis zu einem gewissen Maße nach Dringlichkeit vergeben. Die Behandlung akuter, lebensbedrohlicher Erkrankungen hat immer Vorrang. Ärzte müssen entscheiden, welchen Anteil der ihnen zur Verfügung stehenden Ressourcen sie in die Behandlung jedes einzelnen Falls stecken. So bekommen manche Patienten nicht notwendigerweise das für sie am besten geeignete Medikament, weil ein fast ebenso gutes Konkurrenzprodukt erheblich billiger ist. Entscheidungen dieser Art werden ständig gefällt, auch wenn sie natürlich kontrovers diskutiert werden.

In diesem Licht muss man auch die Ausgangsfrage sehen. Selbstverständlich belastet es das Budget, wenn man alle selbst verschuldeten Leiden notorischer Kettenraucher gratis behandelt. Der Zusammenhang zwischen Übergewicht und gesundheitlichen Problemen ist aber weniger eindeutig. Dennoch: Die Zahl übergewichtiger Menschen nimmt zu, und entsprechend wachsen auch die Belastungen für das Gesundheitssystem. Schon heute sind in Deutschland deutlich über 10 Prozent aller Erwachsenen krankhaft dick, und der Anteil steigt unaufhörlich. Es besteht also erheblicher Handlungsbedarf für die Politik. Dringend geboten wäre eine öffentliche Kampagne, die auf das Problem hinweist, ähnlich wie früher vor den Risiken des Rauchens gewarnt wurde. Übergewichtigen Menschen die kostenlose Gesundheitsversorgung zu verwehren, bringt aber gar nichts.

Warum baute man während der industriellen Revolution so hohe Fabrikschornsteine?

Ingenieurwissenschaften, Cambridge

Auch heute noch sind viele Schlote hoch, nur waren sie damals eben noch höher. Schornsteine müssen aus zwei Gründen hoch sein: Erstens sollen sie den Rauch möglichst weit über dem Boden in die Luft leiten, damit der Wind ihn mitnehmen kann. Zweitens dient die Höhe dazu, einen ausreichenden Sog zu erzeugen, der schädliche Gase nach oben abführt und unten an der Öffnung frische Luft anzieht. Der in der Frischluft enthaltene Sauerstoff wiederum facht das Feuer weiter an. Da sich die Fabrikbesitzer während der industriellen Revolution vermutlich wenig um Belange des Umweltschutzes gekümmert und den Himmel skrupellos mit schwarzen Rauchwolken verdüstert haben, war für sie vor allem der zweite Aspekt von Bedeutung. In den Fabriken wurde damals mit Dampfkraft gearbeitet, und hohe Schornsteine sorgten für lodernde Feuer und steten Druck auf den Kesseln.

Der Sog in Schornsteinen basiert auf den Druckunterschieden zwischen dem Inneren und dem Äußeren des Schlots. Durch die Hitze des Feuers verliert der Rauch an Dichte und steigt im Schornstein nach oben. Infolgedessen ist der Druck innerhalb des Schornsteins deutlich niedriger als außerhalb. Der Unterdruck zieht kalte Luft von außen an, die durch eine Belüftungsklappe in der Nähe des Feuers eingeleitet wird. Dank des einströmenden Sauerstoffs brennt das Feuer noch intensiver. Dieser sogenannte

Kamineffekt ist umso größer, je höher der Schornstein ist. Ein hoher Schornstein bewirkt einen großen Druckunterschied, einen starken Sog, ein mächtiges Feuer und damit auch viel Kraft aus den Dampfmaschinen.

Baut man den Schornstein allerdings zu hoch, kühlt sich der Rauch auf dem Weg nach oben zu stark ab und der Sog nimmt ab. Die Höhe des Schornsteins muss also im richtigen Verhältnis zur Leistung der Dampfmaschine stehen. Deswegen sind Schlote, die zu Anfang der industriellen Revolution errichtet wurden, auch niedriger als Schornsteine, die später entstanden. Als in der Mitte des 19. Jahrhunderts die Dampfmaschinen immer größer und leistungsfähiger wurden, wuchsen auch die Schornsteine in erstaunliche Höhen. (Ich vermute, dass der Sog in höheren Schornsteinen auch durch den stärker und stetiger wehenden Wind in größeren Höhen verstärkt wird. Hohe Schornsteine sind möglicherweise auch weniger von Inversionslagen betroffen, die gelegentlich verhindern, dass Rauch in die Höhe steigt.)

Der mit 138,40 Metern höchste Fabrikschornstein Großbritanniens stand im heutigen Glasgower Stadtteil Port Dundas. Er wurde 1859 für F. Townsend erbaut und gehörte damals zu den höchsten Bauwerken der Welt. Viele weitere Schornsteine der viktorianischen Zeit überstiegen ebenfalls eine Bauhöhe von 100 Metern. Erst als die Dampfmaschinen anderen Formen der Energiegewinnung wichen, benötigten die meisten Fabriken keine Schornsteine mehr. Später besaßen Stahlhütten und Kraftwerke die höchsten Schlote. Einst ragten in den Industriegebieten Schornsteine dicht an dicht in den finsteren, rußigen Himmel wie die kahlen Baumstämme eines toten Waldes. Nur wenige haben überlebt und erinnern uns an die Ursprünge der modernen Industriegesellschaft.

Warum kann man in einem Raumschiff keine Kerze anzünden?

Physik, Oxford

Genau genommen ginge das schon, nur wäre das eine äußerst dumme Tat. Im Weltraum gibt es bekanntlich keinen Sauerstoff, also muss in Raumschiffen eine künstliche Atmosphäre geschaffen werden, damit die Astronauten atmen können. Verbrennt die Kerze schneller Sauerstoff, als die Systeme des Raumschiffs ihn neu zur Verfügung stellen, ersticken die Astronauten letztlich. Doch selbst wenn die Sauerstoffversorgung den Verbrauch durch die Kerze ausgleicht, verkürzt sich die Gesamtdauer der Mission durch ein Candle-Light-Dinner dramatisch.

Schlimmer noch: Bei einem hohen Sauerstoffgehalt im Raumschiff würde eine offene Flamme ein Inferno auslösen. Das zeigte sich auf tragische Weise, als drei Astronauten in der Raumkapsel von Apollo 1 ihr Leben ließen. Die Erdatmosphäre enthält etwa 21 Prozent Sauerstoff und 78 Prozent Stickstoff. Beim Eintritt in den Weltraum, der durch verminderten Druck gekennzeichnet ist, würde der hohe Stickstoffgehalt normaler Atemluft bei den Astronauten die Dekompressionskrankheit auslösen. Bei der auch als Taucherkrankheit bekannten Erscheinung reichert sich Stickstoff im Blut des Menschen an, was zu Lähmungen und sogar zum Tod führen kann. Die Krankheit lässt sich durch Zufuhr von Sauerstoff verhindern. Bei Apollo 1 wurde die Raumkapsel deshalb mit reinem Sauerstoff gefüllt. Das hatte fatale Folgen: In reiner Sauerstoffatmosphäre sind Materialien rasch entflammbar. Ein Funke zerstörte die Kapsel von Apollo 1 noch vor dem Start innerhalb von Sekunden.

Bei späteren Apollo-Missionen trugen die Astronauten beim Start Raumanzüge mit eigener Sauerstoffversorgung, während in der Kabine eine sicherere Atmosphäre aus 60 Prozent Sauerstoff und 40 Prozent Stickstoff herrschte. Erst nachdem die Raumschiffe die kritische Startphase bewältigt und den Weltraum erreicht hatten, wurde der Stickstoff abgelassen und durch reinen Sauerstoff ersetzt. Die Astronauten konnten dann ihre Helme abnehmen. Das Verfahren blieb dennoch risikoreich: Ein einziger Funke hätte ausgereicht, eine Katastrophe auszulösen – von einer Kerze ganz zu schweigen.

Heutzutage wird in Raumschiffen und -stationen ein Sauerstoff-Stickstoff-Gemisch verwendet, das weitgehend den Verhältnissen auf der Erde entspricht. Um der Dekompressionskrankheit weiter vorzubeugen, wird auch der Luftdruck in der Kabine entsprechend den auf der Erde herrschenden Bedingungen erhöht. Eine brennende Kerze würde also nicht sofort zur Katastrophe führen, wohl aber mit erschreckender Geschwindigkeit lebenswichtigen Sauerstoff verbrauchen. Amerikanische Spaceshuttles und russische Burans führten den gesamten Sauerstoffbedarf für ihre Missionen in Tanks mit. Die länger im All verbleibenden Raumstationen müssen eigenen Sauerstoff produzieren und so viel wie möglich davon recyceln. Die Luft in der Station zirkuliert ständig und wird in Filtern gereinigt: Eine Aktivkohleschicht filtert Gerüche heraus, ein feines Filtergewebe fängt Schwebepartikel ab, gekühlte Platten (wie im Inneren mancher Eisfächer) lassen die Feuchtigkeit aus der Atemluft der Astronauten kondensieren und leiten das Wasser in einen Tank. Das ausgeatmete Kohlendioxid stellt ein größeres Problem dar; es wird üblicherweise in Behältern mit Lithiumhydroxid aufgefangen und anschließend in den Weltraum abgelassen.

In der Internationalen Raumstation (ISS) findet ein System Verwendung, das Sauerstoff aus Brauchwasser gewinnt. Das Wasser wird mittels Elektrolyse in Wasserstoff und Sauerstoff gespalten. Der Sauerstoff wird den Astronauten zur Verfügung gestellt, den Wasserstoff lässt man entweder in den Weltraum ab oder mit aus der Atemluft gefiltertem Kohlendioxid zu Methan und Wasser reagieren. Das so gewonnene Wasser kann wiederum zum Waschen oder zur weiteren Produktion von Sauerstoff verwendet werden. Diese Technik hat sich aber noch nicht als hundertprozentig zuverlässig erwiesen, die Sauerstoffversorgung auf langen Missionen bleibt daher weiter ein Problem. In der Internationalen Raumstation könnte man also eine Kerze anzünden, würde damit jedoch die Sauerstoffversorgung enorm belasten, weil die Kerze Sauerstoff verbraucht, dabei aber kein Wasser für die Aufrechterhaltung des Kreislaufs gewonnen werden kann.

Eine letzte Wendung erhält die Frage dadurch, dass die Internationale Raumstation (ISS) wie auch zuvor die Mir Kerzen an Bord hat – sogenannte Sauerstoffkerzen. Diese Fackeln bestehen aus Lithium- oder Natriumperchlorat und verbrennen nach dem Entzünden unter Freisetzung von Sauerstoff zu Lithium- beziehungsweise Natriumchlorid und Eisenoxid. In der Raumstation lagern 350 Fackeln, jede einzelne brennt etwa sechs Stunden lang. Das sichert drei Astronauten einen Atemluftvorrat für drei Monate. Manche Kerzen darf man also sehr wohl in Raumschiffen abbrennen, es kann sogar Leben retten! Allerdings sind die Sauerstoffkerzen nicht ganz ungefährlich: 1997 brannte in der Mir eine Fackel unkontrolliert ab. Zum Glück entstand nur Sachschaden. 2007 jedoch ereignete sich ein tödlicher Unfall in dem britischen Atom-U-Boot HMS Tireless, bei dem zwei Matrosen bei der Explosion einer dieser Kerzen starben.

☛ Wenn man einen Streifen Papier unendlich oft falten könnte, wie oft müsste man ihn falten, bis er den Mond erreicht?

Physik und Philosophie, Oxford

Die Antwort lautet: etwa 42-mal. Das lässt sich schnell überschlagen, wenn man weiß, dass die Entfernung zwischen Erde und Mond knapp 400 000 Kilometer beträgt und ein normales Blatt Papier etwa einen Zehntelmillimeter oder 0,0000001 Kilometer dick ist. Man könnte diesen Wert verdoppeln, bis man etwa 400 000 erhält, oder den Wert 400 000 halbieren, bis man auf 0,0000001 kommt. Die Zahl der Faltvorgänge ist erstaunlich klein, weil die Höhe des Papierturms exponentiell anwächst: Bei jedem Falten verdoppelt sie sich. Ohne Taschenrechner bräuchte man eine Zeit lang, das zu überschlagen, aber ich weiß zufällig, dass 51 Faltvorgänge nötig sind, um einen Papierturm von der Erde bis zur Sonne zu bekommen.[1] Da der Mond etwa 400-mal näher liegt als die Sonne, kann ich schnell errechnen, dass ich neun Faltvorgänge weniger brauche, um den Mond zu erreichen. Wer diese beiden Zahlen nicht kennt, muss die Antwort mit ein bisschen mehr Mühe erarbeiten: Schnell lässt sich ermitteln, dass sich nach zehn Faltvorgängen die Höhe des Turms jeweils vertausendfacht ($2^{10} = 1024$). Nach zehn Faltvorgängen ist der Turm 0,1 Meter hoch, nach 20 Faltungen 100 Meter, nach 30 Faltungen 100 Kilometer, nach 40 Faltungen 100 000 Kilometer. Jetzt sind wir schon fast angekom-

---

1 Ein 0,1 Millimeter starkes Papier 51-mal gefaltet ergibt einen Stapel von 2,25 x 1011 Metern Höhe, der mittlere Abstand zwischen Sonne und Erde beträgt 1,5 x 1011 Meter.

men: Nach 41 Faltungen sind wir bei 200 000 Kilometer, nach 42 bei 400 000 Kilometer, also schon über den Mond hinaus.

Übrigens beschäftigen sich Mathematiker seit über einem halben Jahrhundert ernsthaft mit der Analyse des Papierfaltens. Dabei waren einige Japaner führend – kein Wunder, wenn man bedenkt, mit welcher Meisterschaft die Kunst des Papierfaltens in Japan betrieben wird. Die Grundsätze oder Axiome des Origami wurden 2001 von dem japanischen Mathematiker Koshiro Hatori formuliert. Er orientierte sich dabei an den Arbeiten des italienisch-japanischen Mathematikers Humiaki Huzita.

Da mit jedem Faltvorgang auch die Dicke des Materials zunimmt, dachte man lange, dass in der Praxis maximal sieben oder acht Faltungen möglich seien. Im Januar 2002 bewies jedoch die amerikanische Schülerin Britney Gallivan in einem Mathematikprojekt, dass sich diese Grenze überschreiten lässt: Sie faltete eine Goldfolie zwölfmal. Den Einwand, dass diese Anzahl nur mit Folie zu erreichen sei, widerlegte sie, indem sie anschließend ein Blatt Papier ebenfalls zwölfmal faltete. Die Schülerin entwickelte außerdem eine Formel für die Berechnung, wie lang ein Papierstreifen für eine bestimmte Anzahl von Faltvorgängen sein muss:

$$L = \frac{\pi \cdot t}{6} \cdot (2^n + 4)(2^n - 1)$$

Dabei steht t für die Dicke des Papiers, n für die Anzahl der Faltvorgänge und L für die Länge des Streifens. Mit dieser Formel belegte Britney, dass bei einer Faltung der Länge nach mehr Faltvorgänge möglich sind, aber auch dass mit zwölf Vorgängen die maximale Anzahl der bei Papier möglichen Faltungen erreicht ist. In der Praxis wäre es also unmöglich, einen Papierturm von mehr als einem Meter Höhe aus einem Blatt Papier zu falten. Bis zum Mond fehlt also noch ein Stückchen.

Kann die Geschichtswissenschaft den nächsten Krieg verhindern?

Lautete die Frage »*Wird* die Geschichtswissenschaft den nächsten Krieg verhindern?«, müsste man mit großer Gewissheit sagen: »Nein.« An vielen Orten der Welt werden zurzeit Kriege geführt, und fast alle haben ihre Wurzeln in historischen Konflikten. Manche gehen auf Auseinandersetzungen in jüngster Vergangenheit zurück, andere auf uralte Streitigkeiten, bei einigen mischt sich beides. Der Konflikt zwischen Israel und Palästina etwa wurzelt in historischen Stammes- und Religionsfehden und wurde durch die Trennung Palästinas nach dem Zweiten Weltkrieg zusätzlich angefacht. Der Krieg im Kongo gehört teilweise zum Erbe der Kolonialmächte. Es steht also zu erwarten, dass bei einem möglicherweise in der Zukunft ausbrechenden Krieg, sei es bei einem erneuten Gefecht zwischen Georgien und Russland oder zwischen Nord- und Südkorea, historische Faktoren eine Rolle spielen.

Die Ausgangsfrage lautet aber: »*Kann* die Geschichtswissenschaft den nächsten Krieg verhindern?«[2] Mit ande-

---

[2] Das Interessante an den Oxbridge-Fragen ist auch, dass sie mehrdeutig sein können. Im Erkennen dieser Mehrdeutigkeit liegt oft der Schlüssel zu einer interessanten, originellen Antwort. Bei dieser Frage eröffnet »kann« mehrere Möglichkeiten. Sie lässt sich einerseits im Sinne von »Besitzt die Geschichtswissenschaft die Fähigkeit, den nächsten Krieg zu verhindern?« interpretieren. Natürlich nicht – die Geschichtswissenschaft beinhaltet allein die Beschreibung von Vorgängen in der Vergangenheit. Vermutlich möchte der Fragesteller wissen, ob in der Geschichtswissenschaft gewonnene Erkenntnisse dazu beitragen können, den nächsten Krieg zu verhindern. Das ist zwar denkbar, jedoch impli-

ren Worten: Können Lehren aus der Vergangenheit dazu beitragen, einen Konflikt abzuwenden? Warum eigentlich nicht? Menschen lernen doch aus ihren Fehlern. Pessimisten würden jedoch antworten, dass es dafür keinerlei Hinweise gibt. Hätte die Menschheit aus den schrecklichen Konsequenzen kriegerischer Auseinandersetzungen in der Vergangenheit gelernt, Kriege als negativ zu bewerten, hätten Häufigkeit und Brutalität bewaffneter Auseinandersetzungen in der Folgezeit abnehmen müssen. Tatsächlich aber fanden in den letzten 100 Jahren die verheerendsten Kriege aller Zeiten statt und es gab nicht eine Sekunde, in der nicht irgendwo auf der Welt ein Konflikt ausgefochten wurde. In gewisser Weise scheinen die Menschen also aus der Historie die Schlussfolgerung gezogen zu haben, dass Kriege – unabhängig von unserer moralischen Bewertung – nicht grundlegend schlecht sind, oder zumindest nicht so schlecht, dass sie in Zukunft vermieden werden müssten. Zu keiner Zeit erschienen die Auswirkungen folgenschwer genug, um von Kriegshandlungen abzusehen.

Es gibt aber auch eine optimistischere Sichtweise. Die Schrecken des Ersten Weltkrieges veranlassten die Siegermächte zur Gründung des Völkerbunds, der dauerhaft den Frieden sichern sollte. Allerdings begingen sie dabei den Fehler, Deutschland, das als Hauptschuldiger des Krieges erachtet wurde, übermäßig hart zu bestrafen. Die daraus resultierende wirtschaftliche Not und der Verlust nationalen Stolzes ermöglichten den Aufstieg Adolf Hitlers, der wiederum einen noch grausameren Krieg initiier-

---

ziert allein die Formulierung der Frage, dass das nicht möglich ist. Der nächste Krieg ist per Definition ein Krieg, der in naher oder ferner Zukunft ausbrechen wird, und es ist unwahrscheinlich, dass Erkenntnisse der Geschichtswissenschaft einmal ausgebrochene Kampfhandlungen beenden können.

te. Es spricht für einen Erkenntnisgewinn, dass die Sieger-mächte den Fehler, Deutschland zu hohe Strafen aufzuer-legen, nach dem Zweiten Weltkrieg nicht mehr begingen. Ganz im Gegenteil halfen die Amerikaner mit dem Mar-shallplan der deutschen Wirtschaft wieder auf die Beine. Das Wirtschaftswunder brachte dem Westen Wohlstand und Stabilität, die wiederum den im Osten herrschenden Sozialismus wenig attraktiv erscheinen ließen. Dieser As-pekt spielte eine entscheidende Rolle bei der Beendigung des Kalten Kriegs.

Den Vereinten Nationen werden oft Ineffizienz und Do-minanz der großen Nation im Sicherheitsrat nachgesagt, dennoch belegt die Gründung eines internationalen Fo-rums, auf dem Staaten ihre Probleme ausdiskutieren kön-nen, statt sie in Kriegen auszufechten, dass aus den Ereig-nissen der Geschichte gelernt wurde. Natürlich fanden seit dem Zweiten Weltkrieg etliche große und kleine Kriege statt – unter anderem in Korea, in Vietnam und am Persi-schen Golf. In einigen Fällen befürwortete der Sicherheits-rat sogar einen bewaffneten Einsatz der Militäreinheiten der Vereinten Nationen, zum Beispiel im Kosovo und in Afghanistan.

Man könnte aber durchaus behaupten, dass die kata-strophalen Folgen der beiden Weltkriege zumindest die Großmächte gelehrt haben, in Streitfällen nicht sofort mit einer Kriegserklärung zu reagieren, und Konflikte, wenn sie schon unvermeidbar schienen, zumindest regional be-grenzt zu halten. Die Auseinandersetzungen zwischen der Sowjetunion und den USA während des Kalten Krieges erreichten bei Weitem nicht die aus der Historie bekann-ten überregionalen Dimensionen. Auch das Grauen, das den Atombombenabwürfen über Japan im Jahr 1945 folg-te, mag hinter der Entschlossenheit der Großmächte ste-hen, größere Kriege oder gar eine nukleare Auseinandersetzung zu vermeiden. (Auch wenn einige amerikanische und sowjetische Militärs aus Hiroshima und Nagasaki nur die Lehre zogen, dass sie auf den Besitz und die Weiterentwicklung einer solch wirkungsvollen Waffe nicht verzichten können.)

Und damit kommen wir zum Kern der Frage. Geschichte ist lediglich die Schilderung der Vergangenheit und es gibt ebenso viele Interpretationen der Historie, wie es Menschen gibt, die sie erzählen. Es lohnt sich auf jeden Fall, die Geschichte zu studieren, um, vereinfacht gesprochen, aus unseren Fehlern zu lernen, aber es existiert nicht nur eine Version der Vergangenheit, die klar zu einer bestimmten Erkenntnis führt. Viele Deutsche zogen aus den Schrecken des Ersten Weltkriegs nicht die Lektion, künftig Kriege zu vermeiden, sondern diejenige, künftig Kriege nicht mehr zu verlieren. Jeder von uns zieht seine eigenen Schlussfolgerungen aus der Geschichte und setzt sie auf seine eigene Weise um.

Und das führt zu einem weiteren Problem, das die Ausgangsfrage aufwirft: Wer lernt denn aus der Geschichte? Individuen? Politiker? Generäle? Staaten? Und wie setzen diese ihre Erkenntnisse um, in einer Welt, in der vielleicht entgegengesetzte Meinungen herrschen oder andere Prioritäten gelten? Letztlich lässt sich unmöglich sagen, ob Lehren aus der Geschichte den nächsten Krieg verhindern können; die Entscheidung über Krieg und Frieden hängt von unzähligen Menschen und den Ereignissen im Hier und Jetzt ab. Damit soll aber nicht gesagt sein, dass man aus dem Studium der Geschichte nichts lernen kann. Nein, die Geschichtswissenschaft könnte im rechten Moment den entscheidenden Menschen die richtige Einsicht vermitteln, die einen weiteren blutigen Konflikt verhindert. Wie schon Machiavelli sagte: »Wer sich mit der [...] Geschichte beschäftigt, erkennt leicht, dass alle Staaten und alle Völker von jeher die gleichen Wünsche und die gleichen Launen hatten. Untersucht man also sorgfältig die Vergangenheit, so ist es ein Leichtes, [...] die Zukunft vorherzusagen.«

Wo hat Ehrlichkeit einen Platz im Rechtswesen?

Jura, Cambridge

Spontan möchte man antworten: Nirgends. Schon lange existiert das Klischee, dass Juristen alle erdenklichen Kniffe anwenden, um die Wahrheit nach Gusto zu verdrehen. Doppelzüngige Rechtsgelehrte sind seit Jahrhunderten Thema von Erzählungen. Der englische Dichter und Dramatiker John Gay klagte schon im 18. Jahrhundert:

Ich weiß, ihr Anwälte verdreht ganz leicht
Worte und Bedeutungen, wie es euch passt.
Sodass die Sprache, eurer Kunst gehorchend
Sich verbeugt und euren Mandanten dient.

Natürlich steckt darin ein Stückchen Wahrheit. Anwälte werden von Mandanten oft damit beauftragt, Mittel und Wege zur Absicherung von privaten oder Firmeninteressen zu finden. Dabei geht es nicht notwendigerweise darum, geradlinig den Weg der Aufrichtigkeit zu gehen. Zynisch betrachtet ist in diesem Sinne Aufgabe des Anwalts, einen Weg durch das Dickicht gesetzlicher Vorschriften zu schlagen, und besteht nicht darin, der Wahrheit Geltung zu verschaffen oder gar für Gerechtigkeit zu sorgen. Ein Anwalt kann zum Beispiel damit betraut werden, eine Gesetzeslücke zu finden, die es dem Klienten erlaubt, unbeschadet mit etwas davonzukommen, was ein ehrlicher Mensch als Form von Räuberei erachten würde.

Gesetze lassen sich als sozialer Rahmen auffassen, der mit Richtlinien und institutionalisierten Kontrollen dafür sorgt, dass die Gesellschaft reibungslos funktioniert und die Menschen sich gut benehmen beziehungsweise so verhalten, dass keine Konflikte entstehen. Betrachtet man das Rechtswesen aus dieser Perspektive, ist das Gesetz ebenso blind wie ein Computerprogramm, die Frage nach Ehrlichkeit wird unerheblich. Allein die Einhaltung von Vorschriften ist wichtig, Juristen fungieren innerhalb dieses Systems lediglich als ausführende Organe.

In der Realität ist Rechtsprechung kein stereotypes System, hier spielt Ehrlichkeit sehr wohl eine Rolle. Nicht zufällig muss ein Zeuge vor Gericht als Allererstes schwören, die Wahrheit zu sagen, die ganze Wahrheit und nichts als die Wahrheit. Ohne Ehrlichkeit kann es keine Gerechtigkeit geben.

Natürlich nehmen wir es alle gelegentlich mit der Wahrheit nicht ganz genau. In den meisten Fällen handelt es sich aber um kleine Notlügen, nicht um kapitale Verbrechen. Und genau darin liegt die Krux: Ein Rechtssystem funktioniert nur, wenn die meisten Menschen überwiegend ehrlich sind. Wäre die Mehrheit vornehmlich unehrlich, könnte Ordnung nur noch durch Repression hergestellt werden, das Rechtsstaatsprinzip wäre nicht mehr funktionsfähig. Aber auch wenn die Menschen völlig ehrlich wären, bräuchte man keine Gesetze, sondern höchstens Richtlinien zur Beilegung von Konflikten. Gesetzeskraft ist nur erforderlich, um mit den – Gott sei Dank raren – Fällen umzugehen, in denen Menschen unehrlich sind. Theoretisch schützt das Gesetz die ehrliche Mehrheit vor der unehrlichen Minderheit. Natürlich schränken Gesetze unsere persönliche Freiheit ein, aber wie der Philosoph John Locke es ausdrückte, stimmen wir einem Gesellschaftsvertrag zu, der unsere Freiheiten einschränkt, uns dafür aber vor Gesetzesübertretungen unserer Mitmenschen schützt.

Unser Rechtssystem würde schnell zum Erliegen kommen, wenn wir uns nicht grundsätzlich darauf verlassen könnten, dass die meisten Menschen überwiegend ehrlich sind. »Überwiegend« ist dabei ein Schlüsselwort. Wir verlassen uns nicht einfach darauf, dass Zeugen vor Gericht die Wahrheit sagen. Dagegen vertrauen wir aber sehr wohl darauf, dass Gesetzeshüter ehrlich sind, die Wahrheit sagen, sich nicht bestechen oder nötigen lassen. Wäre das nicht der Fall, würde die Gesellschaft nicht mehr von Recht und Gesetz regiert, sondern von Macht und Einfluss. Die meisten juristischen Dokumente tragen den Zusatz »nach Treu und Glauben«, da nicht alle Eventualitäten auszuschließen sind. Wären die meisten Menschen nicht überwiegend, sondern gelegentlich ehrlich, würde die Anzahl der Verbrechen und das Rechtswesen überlastet zusammenbrechen.

Die klassische Unschuldsvermutung in Strafrechtsverfahren, nach der Menschen als unschuldig gelten, bis das Gegenteil nachgewiesen wurde, basiert auf der Annahme, dass die meisten Menschen ehrlich sind. Daher liegt die Beweislast beim Gericht: Es muss nachweisen, dass jemand einen Gesetzesverstoß begangen hat. Stellen Sie sich nur vor, wie unangenehm und schwierig das Leben wäre, wenn die Gesetzeshüter uns alle für unehrlich hielten. Genau darin bestand das Problem der »Sus Laws« in Großbritannien, die sich annähernd mit der Schleierfahndung in Deutschland vergleichen lassen: Polizisten durften ohne konkreten Verdacht Personen anhalten und durchsuchen. Da sich diese Maßnahme überwiegend gegen Angehörige bestimmter ethnischer Gruppen zu richten schien, erregten die Gesetze wachsenden öffentlichen Protest und wurden in den 1980er-Jahren abgeschafft. Die Antiterrorgesetze des 21. Jahrhunderts beinhalten eine ähnliche Problematik.

In den Rechtssystemen Großbritanniens und der USA ist eine Veränderung bezüglich der Grundannahme der Aufrichtigkeit erkennbar. Die Auffassung, dass die meisten Menschen ehrlich sind, ist noch immer integraler Bestandteil dieser Systeme, in den letzten Jahrzehnten entwickelte sich innerhalb der Gesellschaft, der Politik und der Wirtschaft jedoch eine Denkweise, die dieser Überzeugung entgegensteht. Die Wirtschaftswissenschaften gehen schon länger von der Annahme aus, dass Menschen letztlich von Eigeninteressen getrieben werden und das Erreichen persönlicher Ziele über die Ehrlichkeit stellen. Das Gefangenendilemma in der auch in den Rechtswissenschaften angewendeten Spieltheorie suggeriert, dass es nötig ist, sich ein gewisses Maß an Unehrlichkeit anzueignen und anderen Personen mangelnde Aufrichtigkeit zu unterstellen, um das eigene Wohlergehen zu sichern. Ähnliche Konzepte finden sich in der Biologie bei dem von Richard Dawkins geprägten Begriff des »egoistischen Gens« und in der Politik, zum Beispiel in der als Reaganomics bekannten Wirtschaftspolitik Ronald Reagans oder in der Deregulierung des Finanzmarktes.

Das Rechtswesen kommt jedoch mit der Annahme, dass Menschen grundsätzlich unehrlich sind, nicht zurecht. Aus dieser Überzeugung folgt bestenfalls Misstrauen, schlimmstenfalls Verfolgungswahn, und das Recht verliert seine grundlegende Funktion. Wenn Gesetzgeber und Gesetzeshüter von der Annahme ausgehen, dass alle Menschen unehrlich sind, gibt es keinen Kompass mehr dafür, was ein gutes Gesetz ausmacht. Man verliert das Gespür dafür, wo der legitime Schutz vor der Unehrlichkeit der Menschen aufhört und die unterschiedslose Verfolgung oder das Kriegsrecht beginnt.

Welche Bücher sind schlecht für Sie?

Englische Philologie, Cambridge

Für mich persönlich sind ziemlich viele Bücher schlecht, denn ich bin gegen den Hausstaub allergisch, der sich gerne darauf sammelt – übrigens ein ziemlich guter Anreiz, Bücher nicht zu lange ungelesen im Regal stehen zu lassen!

In den USA fordert der Consumer Product Safety Improvement Act von 2010, ein Verbraucherschutzgesetz, die Überprüfung des Bleigehalts in Kinderspielzeug. Er enthält eine Warnung, dass vor allem vor 1985 gedruckte Bücher wegen des in der Druckerschwärze enthaltenen giftigen Stoffes schädlich seien. Auch einige der in mittelalterlichen Handschriften verwendeten Pigmente waren giftig, etwa Bleiweiß oder Zinnober. Sie waren sicher für jene Schreiber gefährlich, die die Angewohnheit hatten, ihren Pinsel anzulecken, um ihn spitz zu machen. In Umberto Ecos *Der Name der Rose* sterben einige Mönche nach der Lektüre eines verbotenen Buchs: Die Seiten waren mit Arsen benetzt, das die Mönche aufnahmen, wenn sie zum Umblättern die Finger mit der Zunge befeuchteten. In dem Trauerspiel *Die Herzogin von Amalfi* (1623) von John Webster stirbt die Mätresse des Kardinals, nachdem sie ein vergiftetes Buch geküsst hat. Bestimmt haben sich im Laufe der Jahrhunderte auch viele Leute durch herabfallende Bücher Kopfschmerzen oder gar gebrochene Zehen eingefangen. In E. M. Forsters Roman *Wiedersehen in Howards End* wird die Figur Leonard Bast von einem umstürzenden Bücherregal erschlagen. Tatsächlich scheinen umfallende Bücherregale ein beliebter literarischer Kniff zu sein, eine ironische Methode, einen von Büchern besessenen Charakter sterben zu lassen.

Aber vielleicht sollten wir uns eher auf den Inhalt der Bücher konzentrieren statt auf ihr Potenzial, als Waffen eingesetzt zu werden. Klagen über schlechte – also minderwertige – Bücher sind weitverbreitet. Herzschmerz-Romanen und billigen Thrillern wird das gleiche mindere intellektuelle Niveau zugeschrieben wie den Sendungen im Nachmittagsfernsehen. Vor 200 Jahren gab es ähnliche Beschwerden. Eltern ereiferten sich darüber, dass junge Damen sich an den beliebten Schauer- und Liebesromanen, etwa von Ann Radcliffe oder Madame de Staël, ergötzten, anstatt durch die Lektüre von Sokrates und Tacitus ihren Geist zu bilden. Seichte Literatur stand bei der älteren Generation in dem Ruf, schändliche Fantasien auszulösen. Einige der jungen Leserinnen nahmen sich die Kritik durchaus zu Herzen. In ihrem Buch *Women and Gender in 18th-Century Russia* zitiert Wendy Rosslyn eine Heranwachsende, die hochtrabend verkündet: »Romane nützen einem gar nichts und halten einen nur davon ab, wirklich gute Bücher zu lesen.« Manche Dinge ändern sich nie …

Zu den jungen Frauen, deren Fantasie durch Bücher unschicklich beflügelt wurde, gehörten so große Schriftstellerinnen wie Jane Austen und Mary Shelley – ganz zu schweigen von einer ganzen Generation von Frauen, deren Vorstellungskraft und Ehrgeiz durch die Lektüre von »Schundromanen« in positiver Weise beeinflusst wurden. Heute gestehen wir auch den frühen Schauer- und Liebesromanen gewisse Meriten zu. Vielleicht werden spätere Generationen das, was wir heute als »Schund« abtun, in einem viel freundlicheren Licht betrachten.

Abgesehen von der geschmähten »seichten« Literatur wurden im Lauf der Geschichte manche Bücher als so gefährlich erachtet, dass ihre Verbrennung angeordnet wurde. Ganze Bibliotheken wie diejenige des Bagdader Hauses der Weisheit wurden durch Feuer zerstört. Die meisten Menschen halten die Verbrennung von Büchern für beklagenswert, da sie nicht nur einen Akt der Beschneidung des Rechts auf Redefreiheit darstellt, sondern auch wertvolles Gedankengut vernichtet. Deswegen erscheinen uns die Bücherverbrennungen der Nazis ebenso als Tragödie wie die Vernichtung von Maya-Codices durch die spanischen Konquistadoren.

Und doch gibt es Bücherverbrennungen, die die meisten von uns begrüßen, etwa wenn die Polizei kinderpornografische Werke vernichtet. Als Verfechter des freien Willens fällt es mir schwer, die Zerstörung irgendeines Buches zu begrüßen oder ein Buch kategorisch als schädlich zu klassifizieren. Dennoch würde ich bei einem Buch mit Kinderpornografie die Grenze ziehen. Nicht in erster Linie, weil der Inhalt verdirbt, sondern weil das Buch durch Missbrauch entstand. Jedes Buch, das auf der Basis von Missbrauch hergestellt wurde, ist schlecht, es sei denn, es dient dazu, weiteren Missbrauch zu verhindern.

Dabei müssen Bücher, die »schlecht« für mich sind, nicht notwendigerweise für alle Leser schädlich sein. Viele konservative oder reaktionäre Menschen glauben, dass es gefährliche Bücher gibt, die der Allgemeinheit schaden. Das konservative Nachrichtenmagazin *Human Events* bat gleichgesinnte Wissenschaftler, eine Liste der in ihren Augen schädlichsten Bücher der letzten zwei Jahrhunderte zusammenzustellen. Wenig überraschend wählten diese das *Kommunistische Manifest* von Marx und Engels auf Platz eins, gefolgt von Adolf Hitlers *Mein Kampf*, dem *Kleinem roten Buch* mit den Zitaten von Mao Zedong und den *Kinsey-Reports* über das menschliche Sexualleben. Mit der Begründung, das Buch ziele zu sehr darauf ab, die Fähigkeiten von Schulkindern zu fördern, statt ihren Charakter zu bilden, wurde auch John Deweys *Demokratie und Erziehung* von 1916 in die Liste aufgenommen. John Maynard Keynes' wirtschaftstheoretischen Schriften wurde vorgeworfen, sie hätten die massive Staatsverschuldung der USA verursacht. Die beiden letzten Nennungen verdeutlichen, wie problematisch das Konzept »schlechter« Bücher ist: Vielen gelten Dewey und Keynes als wegweisende Autoren.

Natürlich kann man argumentieren, dass es ohne *Mein Kampf* keinen Holocaust und keinen Zweiten Weltkrieg gegeben hätte und ohne das *Kommunistische Manifest* kein Stalin-Regime in der UdSSR. Doch man muss zwischen Büchern und ihren Lesern unterscheiden. Bücher können immense Wirkung entfalten. Die in ihnen dargestellten Ideen können das Denken der Menschen verändern. Aber Untaten wurden von Hitlers und Stalins Handlangern verübt, nicht von *Mein Kampf* oder vom *Kommunistischen Manifest*. Das *Kommunistische Manifest* enthält zudem wichtige Gedanken, die noch heute, lange nach Stalins Tod, zutreffend und relevant sind. Man darf nie das Buch mit dem Effekt verwechseln, den es vielleicht auslöst. Diese Unterscheidung ist essenziell, denn wenn man ein Buch und nicht dessen Effekt als schädlich bezeichnet, rechtfertigt man damit Zensur. Verabscheuungswürdige Meinungen darf man nicht einfach verbannen, man muss ihnen andere Werte entgegensetzen.

Hätte die Frage gelautet, welche Bücher schlecht *für mich* sind, würde meine Antwort anders ausfallen. Ich halte mich für so gefestigt, dass ich Bücher wie *Mein Kampf* lesen könnte, ohne Schaden zu nehmen. Doch vielleicht gibt es ja Bücher, die mir persönlich schaden. Als Teenager fesselten mich manche Bücher so sehr, dass ich meine Hausaufgaben darüber vergaß, Bücher wie *Der Herr der Ringe* und, später, *Bleak House*. In den Ferien arbeitete ich als Straßenfeger und konnte es mir nicht verkneifen, hin und wieder eine Pause zu machen, um das nächste Kapitel von *Krieg und Frieden* zu lesen. Vermutlich bin ich nur deshalb nicht gefeuert worden, weil meine Kollegen allesamt noch weniger arbeiteten als ich, ganz ohne literarische Ablenkung. Zur falschen Zeit und am falschen Ort könnten also selbst die besten Bücher schlecht für mich sein. Rückblickend bin ich natürlich froh, dass ich diese Bücher gelesen habe, denn sie haben mich bereichert.

Es gab auch Bücher, deren Handlung mich traurig gemacht hat. Andere ließen mich angesichts des ereignisreichen, luxuriösen Lebens ihrer Protagonisten neidisch werden. Bei manchen Büchern langweilte oder deprimierte mich der schlechte Schreibstil. Gelegentlich war ich allein wegen des kommerziellen Erfolgs eines Buchs eifersüchtig auf den Autor. Von all diesen Büchern könnte man also sagen, sie seien schlecht für mich gewesen. Und doch wäre mein Leben ohne sie ärmer gewesen.

Was würde passieren, wenn man einmal quer durch die Erde bohrte und dann in das Loch spränge?

Ingenieurwissenschaften, Cambridge

Die tiefste von Menschen durchgeführte Bohrung fand auf der russischen Halbinsel Kola statt. Das Bohrloch besitzt eine Länge von 12 262 Metern. Die Arbeiten begannen 1970 und dauerten 24 Jahre an, bis das Gestein zu heiß wurde, um die Bohrung fortzusetzen. Das zeigt schon, wie hypothetisch diese Frage ist: Das tiefste von Menschen geschaffene Bohrloch reicht noch nicht einmal ein Tausendstel der Gesamtstrecke in die Erde hinein, und trotzdem zwangen Druck und Hitze die Ingenieure zum Aufgeben.

Das hypothetische Loch aus der Fragestellung müsste also mit magischer Hilfe gebohrt werden und durch ein Wunder dem Einsturz entgehen. Welche Magie brauchen wir noch? Vermutlich ist auch zu vernachlässigen, dass man schon nach kurzer Fallstrecke von der im Erdinneren herrschenden Hitze verkohlt oder vom steigenden Luftdruck zerquetscht würde. Außerdem ist darüber hinwegzusehen, dass man aufgrund der Erdrotation und der Bewegung des Planeten durch das All bald heftig gegen die Wand des Bohrlochs geschleudert würde – es sei denn, es handelt sich um ein sehr, sehr weites Bohrloch oder eines, das genau im richtigen Winkel gebohrt wurde. Mit ein wenig Glück würde man aber durch die Geschwindigkeit des Falls ohnmächtig werden, bevor man auf die eine oder andere Weise stirbt ...

Diese Frage ist übrigens ein beliebtes Rätsel, mit dem sich schon viele Menschen intensiv beschäftigt haben. Da es aber zu viele Wenns und Abers beinhaltet, mach keine Antwort wirklich Sinn. Das Gleiche gilt für meine Spekulationen.

Vergessen Sie einen Moment lang, dass Sie ein Mensch sind, und stellen Sie sich vor, Sie wären unzerstörbar. Wäre das Bohrloch mit Luft gefüllt, würde diese zum Erdkern hin immer dichter werden. Nach dem Abspringen würde man unter der Einwirkung der Schwerkraft erst immer schneller werden und dann die normale Endgeschwindigkeit erreichen, bei der die Bremswirkung des Luftwiderstands die Beschleunigung durch die Schwerkraft aufhebt. Bald würde sich der Fall durch die dichter werdende Luft weiter verlangsamen. Das würde sich in etwa so anfühlen, als tauchte man in ein Schwimmbecken ein. Aufgrund Ihres Schwungs würden Sie noch ein bisschen tiefer fallen und schließlich in der dichten Luft wieder nach oben steigen, bis Sie, nicht besonders tief im Loch, in der dichten Luft schwimmen würden, als wären Sie in einen Brunnen gefallen.

Nehmen wir nun an, das Bohrloch bildete ein Vakuum und die Erde würde sich nicht bewegen. Dann würde man nach dem Sprung ins Loch scheinbar unaufhaltsam immer schneller und schneller fallen. Schließlich wirkte jedoch die Erdanziehungskraft entgegen. Je näher man dem Erdmittelpunkt käme, desto mehr Masse der Erde läge hinter einem und begänne eine rückwärts wirkende Anziehungskraft auszuwirken. Man erreichte seine größte Geschwindigkeit am Erdmittelpunkt und schösse über diesen hinaus. Auf dem Weg Richtung Ausgang würde der Fallende immer langsamer werden, weil jetzt mehr Erdmasse »hinter« ihm läge als vor ihm. Gäbe es tatsächlich keinerlei Reibungsverluste, erreichte er gerade noch das andere Bohrloch. Jetzt hieße es aber, sich gut an der Kante festhalten, sonst würde man von der Erdanziehungskraft wieder zurück in das Loch befördert und wiederholte das ganze Experiment rückwärts. Ohne Reibungsverluste würde man bis zum Sankt-Nimmerleins-Tag zwischen den beiden Ausgängen hin- und herpendeln. Wenn das Vakuum in der Röhre aber nicht vollkommen wäre und ein Rest von Luftwiderstand die Reise bremste, dann würde der Springer nie den rettenden Ausgang erreichen. Kurz vor dem Erreichen des gegenüberliegenden Bohrlochs ginge ihm der Schwung aus, er würde zurück am Erdkern vorbei Richtung Einstiegsloch sausen, dieses aber wegen des Luftwiderstands nun deutlich verfehlen. So würde er eine Weile hin- und hergeworfen, bis die Pendelbewegung irgendwann zum Stillstand käme und der Springer an dem Ort stehen bliebe, wo keine Erdanziehung mehr auf ihn wirkt: im Erdmittelpunkt. Dort würde er bei Temperaturen um die 6000 Grad schmoren, bis ihm jemand ein magisches Seil hinunterwerfen würde.

Verfolgt eine Pfadfinderin eine politische Agenda?

Jura, Oxford

Zunächst einmal sollte man den Begriff »politische Agenda« klären. Eine Agenda ist eigentlich nichts anderes als eine Tagesordnung, eine To-do-Liste. Im Kontext der Politik ist der Begriff oft negativ besetzt. Im Grunde bezeichnet »politische Agenda« das Aktionsprogramm einer Partei. Häufig ist damit aber etwas gar nicht öffentlich Verlautbartes gemeint. Mit dem Begriff werden zum Beispiel allgemeine Tendenzen innerhalb des gesamten politischen Spektrums beschrieben. Oder aber er bezeichnet die versteckt gehaltenen politischen Ziele einer an sich unpolitischen Organisation. Und darum geht es in der Frage: Verfolgen Pfadfinderinnen Ziele, die ihrem Wesen nach politisch sind, obwohl sie einer unpolitischen Bewegung angehören?

Die Ausgangsfrage lautet zwar »Verfolgt eine Pfadfinderin ...?«, nicht »Verfolgen Pfadfinderinnen ...?«, dennoch gehe ich erst einmal der zweiten Formulierung nach. Die Pfadfinderbewegung wurde Anfang des 20. Jahrhunderts von dem englischen Generalleutnant Robert Baden-Powell gegründet. Wegen der Uniformen und des sehr traditionellen Wertesystems wurde lange Zeit eine militaristische Ausrichtung der Organisation vermutet. Doch Baden-Powell rief die Pfadfinderbewegung in bewusstem Gegensatz zum Militarismus des schon existierenden Jugendverbandes Boys Brigade ins Leben. Die Uniform führte er ein, um soziale Unterschiede einzuebnen. Mit seiner Organisation plante er, junge Menschen zu selbstständigen, tüchtigen und pflichtbewussten Menschen zu erziehen. Gut möglich, dass der traditionelle Wertekanon der Pfadfinder die Organisation aus heutiger Sicht politisch erscheinen lässt. Ziel der Bewegung war es jedoch nicht, die Gesellschaft zu verändern, wie es Ziel jeder politischen Bewegung ist, sondern Individuen zu formen. Es ging darum, aus den Pfadfindern bessere Menschen zu machen, nicht darum, die Gesellschaft zu verbessern. Das gilt im Grunde bis heute.

Als Juliette »Daisy« Low nach ihrer Arbeit mit den Pfadfinderinnen in Großbritannien 1912 nach Amerika zurückkehrte, um die Organisation dort zu etablieren, verfolgte sie andere Ziele. Ähnlich wie das Vorbild sollte ihre Organisation »allen Mädchen etwas bieten«. Gleichzeitig entstand aber innerhalb der USA eine Bewegung, die sich für größere Eigenständigkeit der Frauen einsetzte. Sie forderte zwar weniger politischen als gesellschaftlichen Einfluss, war jedoch an die politische Agenda einer liberalen, demokratischen Partei geknüpft. In gewisser Weise lässt sich sagen, dass die Pfadfinderinnen-Organisation von Frauen aufgebaut wurde, die aus der Frauenrechtsbewegung stammten. Und obwohl auch die Pfadfinderinnen traditionelle Werte vertreten, wurde die Organisation stets mit liberalen politischen Überzeugungen assoziiert. Da in jüngster Zeit auf Konferenzen der Pfadfinderinnen Rednerinnen auftraten, die sich für lesbische Belange oder das Recht auf Abtreibung einsetzten, wurde der Organisation gelegentlich eine »radikale« politische Agenda unterstellt. Aber die Bereitschaft, sich verschiedene politische Meinungen anzuhören oder diesen gegenüber aufgeschlossen zu sein, macht die Bewegung noch lange nicht zu einem Verband mit einer politischen Agenda.

Man könnte sagen, Pfadfinderinnen vertreten ganz bestimmte Ideale, einen bestimmten sozialen Verhaltenskodex. Sie glauben an Gemeinschaft, Zusammengehörig-keitsgefühl und Aufstieg in der Hierarchie durch Leistung. Doch es wäre übertrieben zu behaupten, die Organisation besäße eine politische Agenda und plane, die Gesellschaft zu verändern. Ihr Ziel besteht darin, ihren eigenen Mitgliedern – die sämtlich freiwillig beigetreten sind – eine Wertvorstellung zu vermitteln. Und wenn diese Werte nach außen propagiert werden, dann ausschließlich, um neue Mitglieder zu werben.

Einige Elemente der Pfadfinderbewegung – Jugend, Uniform, traditionelle Werte – finden sich auch bei anderen, offenkundig politisch motivierten Organisationen wie der Hitlerjugend oder, aktueller, bei Bajrang Dal, der Jugendorganisation einer militanten hinduistischen Partei in Indien. Dennoch würde man den Begriff der politischen Agenda zu weit fassen, wenn man ihn auf die Pfadfinderinnen übertragen würde – was natürlich nicht ausschließt, dass einige Mitglieder durchaus politische Ziele verfolgen und die Organisation für ihre Interessen zu instrumentalisieren versuchen.

Kommen wir nun zu der Frage »Hat eine Pfadfinderin ...?«. Es mag schon sein, dass die eine oder andere Pfadfinderin eine politische Agenda verfolgt, aber im Allgemeinen ist davon auszugehen, dass die Mitglieder keine politischen Hintergedanken hegen. In Deutschland ist aus dem Pfadfinderversprechen, das beim Beitritt zu der Organisation abgelegt wird, inzwischen – je nach Verband – mitunter jeder Hinweis auf Pflicht, Ehre, Gott und Vaterland getilgt. Je nach Geschmack können Mädchen sich progressiveren oder traditionelleren Verbänden anschließen, die ihrem Weltbild (oder dem ihrer Eltern) am ehesten entsprechen. Sicherlich treten die meisten Mädchen ohne jede politische Absicht bei. Sie tun es, weil sie bei interessanten Aktivitäten dabei sein, Freunde finden und ein Zusam-

mengehörigkeitsgefühl spüren wollen. Also: Als Individu-
en haben Pfadfinderinnen im Großen und Ganzen keine
politische Agenda, wobei es natürlich Ausnahmen gibt.

 Was bedeutet es, glücklich zu sein?

Philosophie und Neuphilologie, Oxford

Jeder will glücklich sein, darin sind sich fast alle Menschen einig. Doch was macht »Glück« überhaupt aus? Eine erstaunlich knifflige Frage! Glück kann ein kurzer Augenblick des Genusses sein oder ein dauerhaftes Gefühl der Zufriedenheit. Glück heißt, sich gut zu fühlen – in jeder Bedeutung des Wortes. Doch obwohl wir uns alle nach Glück sehnen, erklären wir doch kaum je ungefragt, dass wir glücklich seien. Selbst wenn wir gefragt werden, müssen wir in der Regel kurz nachdenken. Bin ich glücklich? Was natürlich nicht bedeutet, dass wir unglücklich wären – wir denken nur nicht darüber nach, solange wir glücklich sind. Wenn wir nicht mehr nach Glück streben müssen, sind wir uns des Glücks nicht mehr bewusst. Der Philosoph John Stuart Mill schrieb im 19. Jahrhundert: »Frage dich, ob du glücklich bist, und du hörst auf, es zu sein.«

In einem Artikel des Magazins *New Internationalist* aus dem Jahr 2006 diagnostizierte der klinische Psychologe John F. Schumaker, dass die Menschen im Konsumzeitalter von der Suche nach dem Glück geradezu besessen seien. Das zeige allein schon die unendliche Menge von Selbsthilfebüchern, Fernsehprogrammen, Websites, Kursen usw., die alle versprechen, uns ins Nirwana privaten Glücks zu führen. Wir alle sehnen uns nach den Augenblicken des Wohlbehagens, der Freude, die wir »verdient zu haben« glauben. Doch je mehr wir nach dem Glück streben, desto schwerer fällt es uns, es zu finden. Schon Søren Kierkegaard schrieb: »Die meisten Menschen jagen so sehr dem Genuss nach, dass sie an ihm vorbeilaufen.«

In Umfragen zum Thema persönliche Zufriedenheit antwortet die Mehrheit, sie fühle sich »glücklich«– und gesteht dennoch ein, dass etwas fehlt. Offenbar haben wir vor 50 Jahren noch dreimal so oft gelacht wie heute. Wir haben heute seltener Sex und genießen ihn weniger, obwohl die sexuelle Revolution uns von Schuldgefühlen befreit und in den Medien den Einzug einer sexuellen Bildersprache bewirkt hat. In den Ländern der westlichen Welt, in denen materielle Freuden wie gute Speisen, behagliche Wohnungen und interessante Fernreisen leichter denn je zur Verfügung stehen, scheinen die Menschen weniger glücklich zu sein als jemals zuvor. Depressionen sind weitverbreitet und viele Menschen sind psychologisch fehlangepasst.

Es herrscht der nagende Zweifel, dass in der Redewendung »Sie waren arm, aber glücklich« ein Körnchen Wahrheit steckt. Wir spüren tief in uns, dass Glück nicht in den materiellen Freuden zu finden ist, die eine Konsumgesellschaft bietet und die wir mit so viel Energie zu erreichen suchen. Manche glauben sogar, dass diese Form des Strebens nach Glück uns auf einen Holzweg geführt hat. »Amerika«, konstatierte der Schriftsteller John Updike einmal, »ist eine breite Verschwörung, um dich glücklich zu machen.« J. D. Salinger gestand: »Ich bin so etwas wie ein umgekehrter Paranoiker. Ich glaube, die Welt hat sich verschworen, mich glücklich zu machen.«

Es mag tatsächlich stimmen, dass das Glück nicht zu denjenigen kommt, die danach suchen. Schumaker berichtet, dass der kleine Staat Ladakh im westlichen Himalaya noch vor wenigen Jahrzehnten zu den glücklichsten der Welt zählte. »Die Kultur war von gegenseitigem Respekt, Gemeinschaftsgefühl, der Bereitschaft zu teilen, Ehrfurcht gegenüber der Natur, Dankbarkeit und Lebenslust geprägt. Das Wertesystem sorgte für Empathie, Höflichkeit, spirituelles Bewusstsein und den Schutz der Umwelt.« 1980 zog jedoch der Kapitalismus in Ladakh ein und der neue Entwicklungsbeauftragte des Landes verkündete: »Ladakh kann sich nur dann zu einem wirtschaftsstarken Staat entwickeln, wenn es uns gelingt, die Menschen habgieriger zu machen.« Das funktionierte – und heute leiden die Menschen in Ladakh unter einer hohen Kriminalitätsrate, der Auflösung von Familienstrukturen, Depression, Umweltverschmutzung und Armut.

All dies sollte nicht weiter überraschen. Vor über 2500 Jahren schon diskutierten griechische Philosophen darüber, was es bedeutet, glücklich zu sein. Nur die wenigsten hoben Hedonismus und materielle Freuden hervor. Demokrit erklärte heitere Gelassenheit zum höchsten Gut, ansonsten fand die Idee eines rein auf Genuss ausgerichteten Lebens jedoch wenige Anhänger. Epikur wird heute als Befürworter des uneingeschränkten Hedonismus missverstanden, der von ihm geprägte Lustbegriff mit dem Zitat »Lasset uns essen und trinken, denn morgen werden wir sterben!« falsch wiedergegeben. Epikurs Lehre befürwortet nicht, jedem Genuss sofort nachzugehen, sondern das eigene Leben vernunftgesteuert und planvoll so zu gestalten, dass es auf lange Sicht vollkommene Freude garantiert. Ein solches Leben bezeichnete er als glücklich und tugendhaft.

Die meisten griechischen Denker vertraten jedoch die Lehre des Eudämonismus. Der Begriff der Eudämonie ist schwer zu beschreiben, da es dafür keine adäquate deutsche Übersetzung gibt. Er bezeichnet eine Form von Glückseligkeit, die auf einer gelingenden, erfolgreichen Lebensführung basiert. Nach Aristoteles bezeichnet der Begriff ein in jeder Hinsicht vollkommenes Leben, das durch materiellen Wohlstand ebenso wie durch eine glückliche Familie, den Erfolg durch Leistung und Tugendhaftigkeit geprägt ist.

Wenn ich an die Momente im Leben zurückdenke, an die ich mich am liebsten erinnere – die also meine glücklichsten gewesen sein müssten –, tendiere ich dazu, Aristoteles zuzustimmen. Meine größten Glücksmomente erlebte ich nicht allein dann, wenn meine materiellen Bedürfnisse befriedigt wurden, sondern wenn ich mich im Kreis meiner Freunde befand, wenn ich eine kreative Leistung zu Ende gebracht hatte, wenn mich jemand, der mir wichtig war, gelobt hatte, wenn ich jemanden durch eine gute Tat zum Lächeln gebracht hatte, wenn ich im Fußball ein entscheidendes Tor geschossen hatte oder wenn mir beim Anblick der über dem Wasser glitzernden Sonne das Herz aufging. Im Vergleich zu den materiellen Freuden besitzen diese Momente sogar eine tiefere emotionale Bedeutung. Ich glaube nicht, dass ich in jenen Momenten das Glück gesucht habe. Mein Glücksgefühl war nur ein Nebenprodukt. Glück ist wie ein Schmetterling oder der Duft einer Blüte im Wind, den man kurz erhascht, fast zufällig. Nietzsche, der für seine düstere, nihilistische Lebenseinstellung bekannt war, sagte, der Schlüssel zum Glück liege darin, die kleinen Dinge des Lebens zu schätzen: »Das Wenigste gerade, das Leiseste, das Leichteste, einer Eidechse Rascheln, ein Hauch, ein Husch, ein Augenblick – wenig macht die Art des besten Glücks!«

A sieht B auf einen Abgrund zulaufen. A weiß, dass B blind ist. Er kann ihn aber nicht leiden und lässt ihn deswegen über die Kante laufen. Ist das Mord?

Jura, Cambridge

Nach englischem Recht ist A des Mordes nicht schuldig, da er die Tötung von B nicht beabsichtigte. Für eine Verurteilung wegen Mordes ist es nicht ausreichend, dass A Bs Tod deutlich voraussah und nichts tat, um ihn zu verhindern; es müsste nachgewiesen werden, dass A Bs Tod geplant hatte. Da A B jedoch nicht in den Abgrund stieß oder ihn irgendwie dazu brachte, auf den Abgrund zuzulaufen, lässt sich nicht beweisen, dass A vorhatte, B zu töten.

Wir reagieren auf diese Szene entrüstet: Wie grausam, einen blinden Menschen absichtlich in einen Abgrund stürzen zu lassen! A muss doch schuldig sein! Ist er aber nicht, und wenn wir die Geschichte ein wenig erweitern, erkennen wir auch, warum. Was, wenn A B nicht leiden kann, weil B der Anführer einer Bande ist, die zum Spaß unschuldige Menschen tötet, und B gerade wieder ein paar Opfer zusammengetrieben hat? Dann erscheint A plötzlich als Held. Ist jedoch A der mörderische Bandenführer und B ein guter Mensch, der darum fleht, die Opfer zu verschonen, sieht die Sache ganz anders aus. Deswegen spielen in der Rechtsprechung die Umstände einer Tat eine so große Rolle. Richtern und Geschworenen müssen echte Beweise vorliegen, um jemanden wegen eines Verbrechens verurteilen zu können – und wir müssen sehr vorsichtig sein, dass wir niemandem ein Motiv unterstellen.

Dennoch könnte sich A einer schweren Straftat schuldig gemacht haben, auch wenn sie ihm vor Gericht kaum nachzuweisen sein wird: der fahrlässigen Tötung. Im englischen Recht handelt es sich um fahrlässige Tötung, wenn jemand durch grobe Unachtsamkeit, Inkompetenz oder Fahrlässigkeit den Tod eines anderen zulässt. Fahrlässigkeit ist nicht immer genau definiert, aber im englischen Recht gehört auch Unterlassung dazu: das Unterlassen einer Handlung, die den Tod eines Menschen verhindert. Allerdings könnte sich der Staatsanwalt schwertun, A eine Schuld nachzuweisen, da es für sein Nichteinschreiten auch eine Reihe völlig argloser Gründe geben kann. Man bräuchte vielleicht Zeugen, die das Verhalten von A genau beschreiben könnten – aber wenn es Zeugen gab, warum schritten diese nicht ein? Selbst wenn Überwachungskameras zeigen würden, dass A sogar beiseitetritt, um B nicht im Weg zu stehen, würde das nicht notwendigerweise As Schuld beweisen.

Höchstwahrscheinlich würde A ungeschoren davonkommen. Von einem glücklichen Leben würde ihn lediglich das eigene schlechte Gewissen abhalten, das ihn vielleicht sogar dazu treiben würde, sich selbst in den Abgrund zu stürzen.

Wie würden Sie das Gewicht Ihres Kopfes messen?

Medizin, Cambridge

Eine knifflige Frage. Würde man sich den Kopf abschneiden und ihn auf eine Waage purzeln lassen, wäre man nicht mehr dazu in der Lage, das angezeigte Gewicht abzulesen. Weniger verhängnisvoll wäre es, den Kopf auf den Schultern zu behalten, sich auf dem Boden auszustrecken und dabei den Kopf auf die Waage zu legen, aber auch das würde keine vernünftige Messung ergeben, da die stützende Funktion der Nackenmuskeln den Wert verfälscht. Wahrscheinlich bekäme man ein exakteres Ergebnis, wenn man eine Melone vergleichbarer Größe wöge!

Andere Schätzmethoden sind besser geeignet: Lassen Sie Wasser in eine Badewanne ein und markieren Sie den Wasserstand. Legen Sie sich jetzt in die Wanne, tauchen Sie vollständig unter und lassen Sie einen Freund den neuen Wasserstand anzeichnen. Steigen Sie aus der Wanne. Stellen Sie den durch die erste Markierung gekennzeichneten Wasserstand exakt wieder her und messen Sie dann, wie viel Wasser sie einfüllen müssen, bis Sie den zweiten, oberen Pegelstand erreichen. Das Volumen des Wassers, das sie zum Auffüllen bis zur zweiten Markierung benötigen, entspricht dem Volumen ihres Körpers. Das Volumen Ihres Kopfes ermitteln Sie, indem sie ihn vollständig in ein randvoll mit Wasser gefülltes Gefäß, zum Beispiel einen Eimer, tauchen. Ziehen Sie den Kopf wieder heraus, lassen Sie das Wasser aus den Haaren in den Eimer tropfen und messen Sie schließlich, wie viel Wasser Sie nachgießen müssen, bis der Eimer wieder voll ist. Teilen Sie das so ermittelte Volumen Ihres Kopfes durch das Gesamtvolumen Ihres Körpers und multiplizieren Sie das Ergebnis mit Ihrem Gesamtgewicht. Um das Ergebnis zu verfeinern, können Sie die einzelnen Vorgänge ein paarmal wiederholen und aus den gewonnenen Werten den Durchschnitt bilden. Ein Problem bei dieser Methode ist, dass sie auf der Annahme beruht, dass der Kopf eine ähnliche Dichte besitzt wie der restliche Körper. Kommt das hin? Einerseits befinden sich innerhalb des Kopfes Lufthöhlen, andererseits macht der (schwere) Schädelknochen einen guten Teil des Kopfes aus. Da sich diese beiden Effekte vermutlich ausgleichen, liegt die Schätzung größenordnungsmäßig richtig.

Eine schnellere, aber weniger genaue Methode bestünde darin, den Kopf wie gehabt in einen bis zum Rand gefüllten Eimer zu stecken, zu messen, wie viel Liter Wasser man hinterher nachfüllen muss, bis der Eimer wieder randvoll ist, und diesen Wert mal 1,05 zu nehmen. (1 Liter Wasser wiegt 1 Kilo, der Aufschlag von 5 Prozent wird angesetzt, weil der Kopf ein höheres spezifisches Gewicht hat als Wasser).

Schließlich könnte man noch mit einem CT-Scanner Volumen und Dichte des Kopfes messen und daraus das Gewicht errechnen.

Was ist Schicksal?

»Schicksal« bedeutet, dass alle Ereignisse letztlich einem Plan folgen, den eine übernatürliche Instanz festgelegt hat.

Die Vorstellung, dass der Verlauf des eigenen Lebens vorbestimmt ist, ist uralt und findet sich in vielen Kulturen. In der griechischen Mythologie beispielsweise spinnen die drei Schicksalsgöttinnen Klotho, Lachesis und Atropos bei der Geburt jedes Menschen einen Schicksalsfaden, der sein Leben bestimmt. Im muslimischen Kulturraum steht der Begriff »Kismet« für das Schicksal.

Schicksal wird oft eher mit Tragödie als mit Komödie verbunden. Wir beklagen das tragische Schicksal von Menschen, bei komischen Verwicklungen sprechen wir aber selten von »Schicksal«, lieber von »Zufällen«. Das Schicksal wird gern als grausam und spöttisch dargestellt: Boshaft spielt es den Menschen Streiche, wenn diese versuchen, den vorbestimmten Weg zu verlassen – und unbewusst dennoch den Kurs verfolgen, der sie zu ihrem tragischen Ende führt. So flieht in Sophokles' Drama *König Ödipus* der junge Ödipus aus Korinth, nachdem ihm das Orakel von Delphi prophezeit hat, er werde seinen Vater töten und seine Mutter heiraten. Doch in Theben, wohin es ihn letztlich verschlägt, erfüllt er unwissentlich sein Schicksal.

Das kraftvolle, bewegende Bild der Vorstellung, vom Schicksal beherrscht zu werden, wird in der Literatur immer wieder aufgegriffen. Es berührt den Kern des Menschseins. Wer sich gegen sein Schicksal stemmt, erscheint als Held, auch wenn er letztlich scheitert. Figuren wie Prometheus, der den Göttern das Feuer stiehlt, erlangen heroischen Status, weil sie versuchen, den Göttern die Macht über das menschliche Dasein zu entreißen. Sie werden als Helden angesehen, weil sie der Menschheit Würde und Stolz geben. Sie führen vor Augen, dass der Mensch, selbst wenn er seinem Schicksal nicht entrinnen kann, kein Spielball der Götter ist. Ödipus erscheint uns aufgrund seiner durchlittenen Qualen als heldenhaft – wie abschreckend die Vorstellung, den Vater zu töten und die Mutter zu heiraten, auch sein mag. Analog ist der Satan in Miltons *Verlorenem Paradies* nicht einfach ein garstiger Dämon, sondern ein heroischer, tragischer Titan. Nietzsches Übermensch mit seinem »Willen zur Macht« ist in gewisser Weise der tragische Held in Vollendung, dessen Status darauf basiert, dass er die Existenz Gottes verneint und mutig in eine Zukunft schreitet, die nicht vom Schicksal bestimmt ist.

Das Schicksal zu akzeptieren hingegen ließe sich als Ausdruck gelassener Weisheit – warum sich gegen das Unvermeidliche stemmen? – oder als Abgeben von Verantwortung beschreiben. Wer ein Verbrechen begeht, könnte argumentieren, die Tat sei vom Schicksal vorherbestimmt. Entscheidungen könnte man mit einem achselzuckenden »Was soll's?« abtun. Im Ersten Weltkrieg weigerten sich einige Soldaten, den unbequemen Stahlhelm zu tragen – mit der fatalistischen Begründung, eine Kugel, die für sie bestimmt sei, würde sie trotzdem treffen. Aus dem gleichen Grund klammern sich heute viele Menschen an die Astrologie: »Es steht in den Sternen« ist gleichbedeutend mit »Das ist Schicksal«. Die meisten Menschen allerdings erachten Fatalismus – das Akzeptieren des für unvermeidlich gehaltenen Schicksals – als persönliche Schwäche. Einige große Figuren der Literatur prägt Fatalismus in Form eines zerstörerischen Zynismus, etwa Puschkins Eugen

Onegin, Lermontows Pechorin oder – das Paradebeispiel für einen Zauderer – Shakespeares Hamlet.

Die Philosophie ringt schon lange mit dem Konzept des Schicksals. Die Vorstellung lässt sich logisch nicht so einfach widerlegen, wie es anfangs scheint. Wenn man akzeptiert, dass die Welt nach dem Prinzip von Ursache und Wirkung funktioniert und, wie in den newtonschen Gesetzen der Bewegung beschrieben, jede Aktion eine vorhersagbare Reaktion auslöst, dann ist die Zukunft der Welt mechanisch vorbestimmt, bis hinunter zur Bewegung einzelner Atome. Man könnte den vorherbestimmten Lauf der Dinge also nur ändern, wenn man die Gesetze der Physik selbst änderte. Da wir Menschen Teil dieses deterministischen Universums sind, ist auch unsere Zukunft vorgezeichnet. Demzufolge besteht kein wesentlicher Unterschied zum Konzept des Schicksals, abgesehen davon, dass nun nicht mehr eine göttliche Hand, sondern Gesetze der Mechanik unseren Weg bestimmen und wissenschaftliche Vorhersagen an die Stelle der antiken Orakel treten.

Doch wo bleibt in dieser deterministischen Welt Platz für den freien menschlichen Willen? Wir bilden uns gern ein, dass wir eine freie Entscheidung treffen, wenn wir uns in diesem Moment dazu entschließen weiterzulesen, statt etwas trinken zu gehen, oder den vorgestellten Ideen zuzustimmen, statt sie als Unfug abzutun. Aber fallen wir da nicht vielleicht auf eine Illusion herein? Sind wir ebenso sehr in unserem vorbestimmten Leben gefangen wie Ödipus? Gehen wir nur unbekümmert davon aus, unser eigenes Ziel zu verfolgen, während uns die Gesetze der Physik unweigerlich zu unserem persönlichen Theben führen? Schopenhauer dachte so. Von menschlicher Freiheit zu sprechen, war für ihn gleichbedeutend, als wenn das Wasser sagte: »Ich kann hohe Wellen schlagen [...] ich kann reißend hinabeilen [...] ich kann schäumend und sprudelnd hinunterstürzen [...] ich kann endlich gar verkochen und verschwinden; tue jedoch von allem nichts, sondern bleibe freiwillig, ruhig und klar im spiegelnden Teiche.« Denn in Wirklichkeit tut das Wasser nur das, was die einwirkenden mechanischen Kräfte bewirken. Wittgenstein drückte es noch einfacher aus und stellte sich ein fallendes Blatt vor, das sich sagte: »Jetzt flieg ich hierhin, dann flieg ich dorthin.«

Dualisten wie Descartes, für die die Welt in die des Körpers und die des Geistes geteilt ist, verheißen uns einen Ausweg aus der Diktatur der Naturgesetze. In ihren Augen arbeitet der Verstand unabhängig vom Körper und nur die Funktionsweise des Körpers unterliegt physikalischen Gesetzen. Wenn der Verstand aber vom Körper losgelöst ist, wie kann er dann überhaupt Mechanismen beeinflussen? Er kann schließlich nur dann vollkommen unabhängig sein, wenn er durch keinerlei Gesetze bestimmt wird. Der griechische Philosoph Epikur fragte sich, ob der Verstand das deterministische Universum verändern könnte, indem er Atome umlenkte. Allein die Spekulation über solch unwahrscheinliche Vorgänge lässt die Vorstellung der Dualisten, der Vorbestimmtheit nicht ausgeliefert zu sein, wenig plausibel erscheinen.

Die meisten Philosophen neigen einem von zwei Lagern zu: dem Kompatibilismus, der einen freien Willen mit der Auffassung, dass Ereignisse durch Naturgesetze vorbestimmt sind, für vereinbar hält, und dem Inkompatibilismus, der Vorbestimmtheit und freien Willen als unvereinbar erachtet. Die Theorie des Inkompatibilismus basiert in etwa auf folgender Argumentation: Die Vergangenheit bestimmt Gegenwart und Zukunft. Die Vergangenheit kann man nicht ändern, und auch die Art und Weise, wie die Vergangenheit die Zukunft determiniert, lässt sich nicht beeinflussen. Also kann man weder die Gegenwart noch die Zukunft steuern. Folglich beruht der freie Wille auf einer Illusion. Einige Philosophen betrachten die Quantenmechanik als Möglichkeit, ein deterministisches Universum zu unterwandern. Doch auch das ist wenig hilfreich, denn wir wären dann schlichtweg Spielbälle des Zufalls.

Für mich ist der Eindruck, über eigenen Willen und zumindest gewisse Kontrolle über den Verlauf meines Lebens zu verfügen, so dominant, dass es mir äußerst schwerfällt, meine Willensfreiheit für eine Illusion zu halten. Ich persönlich bin davon überzeugt, dass niemand mir in die Wiege gelegt hat, genau in diesem Moment diesen Satz niederzuschreiben. Und selbst wenn ich nur der Illusion der Kontrolle unterliege, was ich niemals ausschließen kann, ist die beste Lösung, mich so zu verhalten, als könnte ich mein Leben steuern. Ich halte es da mit Shakespeares Cassius, der angesichts der eigenen Demütigung und der Herabsetzung Brutus' durch die Ernennung Cäsars zum König formuliert:

Der Mensch ist manchmal seines Schicksals Meister
Nicht durch die Schuld der Sterne, lieber Brutus,
Durch eigene Schuld nur sind wir Schwächlinge.
(dt. Übersetzung von Schlegel / Tieck)

Wie würden Sie einen Apfel beschreiben?

Sozial- und Politikwissenschaften, Cambridge

»Gewiss«, schrieb der amerikanische Dichter und Naturalist Henry David Thoreau, »ist der Apfel die edelste Frucht.« Keiner anderen Frucht kommt so große symbolische Bedeutung zu wie dieser Kugel aus Fruchtfleisch, Kernen und Schale. Der Apfel steht für New York, für iPhone und iMac, für Weisheit und für Bodenständigkeit. Liebende geben sich gerne den Kosenamen »mein Augapfel«, das Hohelied Salomos rät Liebeskranken, Äpfel zu essen. Äpfel symbolisieren so ziemlich alles. Entsprechend vielschichtig muss unsere Definition von Apfel ausfallen.

Ein Künstler etwa würde einen Apfel als eine rundliche Frucht von der Größe eines Tennisballs (Durchmesser 5 bis 9 Zentimeter) beschreiben. Er würde erläutern, dass der Apfel keine perfekte Kugel bildet, da er zwei Vertiefungen besitzt, eine kleine unten und eine größere oben am Stiel. Einige Äpfel, würde er weiter bemerken, haben eine wächserne Schale, die im Licht glänzt, andere Sorten weisen eine rauere, matte Oberfläche auf. Äpfel gibt es in verschiedenen Farben, von Hellgrün bis Goldgelb, von Rostbraun bis Karmesinrot – wobei die Farbe einer Frucht selten einheitlich ist. Manche glänzend hellgrünen Äpfel besitzen kaum Farbnuancen, während andere, vor allem, wenn sie reif sind, in der ansonsten gelben Schale tiefrote Schattierungen aufweisen.

Ein Mathematiker würde einen Apfel aus anderer Perspektive beschreiben. Für ihn wäre die Form eine große Herausforderung. Erstens sind keine zwei Äpfel völlig identisch geformt, zweitens ist die Form eines Apfels komplex. Sie kommt nur ungefähr einer Kugel gleich. Man könnte von einem abgeplatteten Ellipsoid sprechen, da die Frucht oben und unten flacher ist. Dabei würde man allerdings die torusförmigen Einbuchtungen vernachlässigen. Am einfachsten ließe sich die Form als »Apfeloid« beschreiben. Von einem imaginären, perfekt symmetrisch geformten Apfel ausgehend, könnten wir sogar eine Gleichung zur Beschreibung der Frucht aufstellen. Echte Äpfel sind natürlich nie perfekt symmetrisch, aber unser mathematisches Apfeloid würde dem Durchschnittsapfel recht nahekommen.

Ein Botaniker würde folgende Erklärung liefern: Apfelbäume (*Malus*) bilden eine Pflanzengattung der Kernobstgewächse (*Pyrinae*) aus der Familie der Rosengewächse (*Rosaceae*), zu der auch Birnbäume, Quittensträucher, Mispeln und Vogelbeerbäume gehören. Der Apfel ist eine Scheinfrucht, da das Fruchtfleisch aus dem Blütenboden entsteht. Darin eingeschlossen ist die eigentliche Frucht, das fünfzackige Kerngehäuse mit den Apfelkernen, das aus mit sich selbst verwachsenen Fruchtblättern gebildet wird. Einen zweiten fünfzackigen Stern findet man oft an der Unterseite des Apfels. Er entsteht aus den Resten des Kelchblatts. Die Äpfel, die wir essen, sind Kuläräpfel (*Malus domestica*) eine Zuchtform, die auf den Asiatischen Wildapfel (*Malus sieversii*) zurückgeht.

Ein Chemiker würde einen Apfel als Ansammlung von Zellulose beschreiben. In den Zellen der Frucht befinden sich Wasser, Zucker (in Form von Fructose und Glucose), schwache Säuren (wie Apfelsäure), Vitamin C, Mineralien und Aminosäuren.

Einem Philologen würde zum Thema Apfel eine Menge einfallen, zum Beispiel der Apfel als verbotene Frucht, als Frucht des Baums der Erkenntnis. Nach der biblischen

Erzählung überredete Eva Adam, gemeinsam von der verbotenen Frucht zu essen. Daraufhin wurden beide aus dem Garten Eden vertrieben. In der griechischen Mythologie bestand eine der zwölf Aufgaben des Herkules darin, die goldenen Äpfel der Hesperiden, die ewiges Leben schenkten, zu rauben. Die griechische Göttin der Schönheit, Aphrodite, stritt sich mit Hera und Athene, wem der goldene Apfel der Eris gebührte. Fast jede Kultur hat ihre eigenen Apfel-Geschichten.

Ein Obsthändler würde einen Apfel vielleicht als »köstlich, süß und knackig« beschreiben oder als »kochfest, groß und saftig«. Ein Koch würde eventuell hinzufügen, dass sich die Frucht in vielen verschiedenen Gerichten verwenden lässt, für Apfelstrudel und Apfelkuchen oder als Beilage zu Schweinefleisch. Ein Weinhändler würde darauf hinweisen, dass Äpfel eine Grundzutat von Cidre und Calvados bilden. Besorgte Eltern betrachten Äpfel als gesunde Zwischenmahlzeiten für ihre Kinder. Im Mittelalter verliehen unzufriedene Theaterbesucher ihrem Unmut durch das Werfen von faulen Äpfeln Nachdruck. Für Wilhelm Tells Sohn ist ein Apfel das Symbol für einen Augenblick zwischen Leben und Tod. Isaac Newton führten Äpfel zur Schwerkraft. Salvador Dalí sah in einem Apfel den verlängerten Rücken einer Nonne oder die Augenhöhle eines Schädels. Lauschen Sie zu guter Letzt dem schlechten romantischen Dichter Bramley Laxton, der in seinem Namen sogar zwei Apfelsorten trägt:

Über Äpfel
(Geschrieben in Egremont Russet)
O Apfel, glorreiche Spende des Herbstes,
Reichste Frucht schwindender Tage,
Du kommst, wenn des Sommers Licht vergeht
Und sich trübt in feuchten Dunst.

Deine golden-roten Kugeln leuchten
In lieblich lockenden Trauben,
Reif und zum Pflücken bereit.
Kann ich eine erreichen? Kann ich? Oh!
Ja, jetzt hab ich dich und schnell
Beiße ich ins Fleisch, so knackig süß.
Einen Augenblick lang schmecke ich den Himmel,
Den Genuss des Herbstes, der dem Winter weicht.
O goldner, köstlicher Apfel im Hain,
lass mich um eins dich bitten:
Im nächsten Jahr
Komm wieder!

Die Bühne: eine Plattform für Meinungen oder nur zur Unterhaltung – was denken Sie darüber?

Erziehungswissenschaften, Cambridge

Je nach Darbietung kann eine Bühne heutzutage so ziemlich alles sein, selten dient sie aber allein der Kundgabe von Meinungen oder der Unterhaltung. In seiner Reinform unterscheidet sich das politische Theater zum Beispiel deutlich von Reden im Parlament oder an der Speaker's Corner – auch wenn diese gelegentlich ziemlich theatralisch sein können.

In einer Rede versucht der Sprecher, seinen Zuhörern seine Ideen direkt zu vermitteln. Ein Theaterstück setzt auf die Fantasie des Publikums und vermittelt seine Ideen dadurch, dass der Zuschauer sie im Geist nachvollzieht. Deswegen treten auf der Bühne normalerweise Charaktere auf, die eine Geschichte erzählen oder eine Szene darstellen. In der Regel wird das Publikum nicht direkt angesprochen; wenn doch, dann immer aus der Rolle oder der imaginären Welt heraus, die während der Vorstellung geschaffen wird.

Dieses Erschaffen einer imaginären Welt unterscheidet das Geschehen auf der Bühne vom Vortrag eines Redners. Die Bühne bildet den Ort, an dem die imaginäre Welt erzeugt wird, einen klar definierten Raum, in dem die Illusion entsteht – sei es nun in der klassischen Bauform eines Theaters durch die Abgrenzung zum Zuschauerraum oder anhand einer imaginären Barriere, die zwischen Straßenkünstlern und verweilenden Passanten besteht. Die Bühne ist in ihrem Kern ein Spielplatz der Fantasie. Aktionskünstler, Sänger und Musiker treten alle auf Bühnen auf und ziehen unsere Fantasie mehr oder weniger in ihren Bann. Die klassische Theaterbühne zeichnet sich dadurch aus, dass dort eine Geschichte nachgespielt oder ein Bild verkörpert wird.

Alle Theatervorstellungen müssen im weitesten Sinn unterhalten. Das Wort »Entertainment« stammt aus dem Französischen: *entretenir* bedeutet »zusammenhalten«. Und genau das versucht das Theater: Schauspieler und Publikum in einem gemeinsamen Akt der Fantasie zusammenzuhalten. Von »reiner Unterhaltung« wird oft dann gesprochen, wenn eine Aufführung das Publikum zum Lächeln oder Lachen bringt, nicht aber zum Nachdenken. Im Kontrast dazu regt das politische Theater die Menschen zwar zum Nachdenken an, aber nicht zum Lachen – so zumindest das Klischee. In Wirklichkeit existieren diese Extremfälle nicht: Selbst die plumpsten Komiker geben Meinungen kund – und ihr Publikum ist gefordert, wenn auch nur kurz und flüchtig, nachzudenken, um auf die Pointen zu reagieren. Und selbst das geradlinigste politische Theater unterhält seine Zuschauer – sofern sie nicht einschlafen – durch seine Thematik.

Ausschlaggebend sind die gedankliche Tiefe und der Ideenreichtum, und genau hier läuft das moderne Theater oft fehl, indem es zwei vollkommen gegensätzliche Formen etabliert: die auf reine Unterhaltung ausgerichteten Shows im Broadway-Stil und die ernsthaften, »anspruchsvollen« Dramen. Die Ironie dabei ist, dass das Ergebnis oft einfach nur schlecht ist und das Publikum weder unterhalten wird noch interessante Meinungen präsentiert bekommt. (Eine Meinung lediglich kundzutun, ohne sie mit Ideen und Fakten zu unterfüttern, ist banal. Ein reines »Agitprop-Stück« ist daher weder lehrreich noch spannend – und letztlich genauso seicht wie »reine Unterhaltung« und dabei weniger amüsant.)

In der Anfangszeit des Theaters in der griechischen Antike diskutierte Aristoteles in seiner *Poetik* den Unterschied zwischen Tragödie und Komödie. Bis vor Kurzem standen diese beiden Gattungen auch für die beiden möglichen Formen des Theaters. Zahllose Ensembles tragen als Markenzeichen die lachende Maske der Komödie beziehungsweise die traurige der Tragödie. Die Komödie zeichnete sich durch ein glückliches Ende aus, und das Publikum durfte sich über den Triumph eines gewitzten kleinen Mannes, oft eines Außenseiters, freuen. Die Tragödie hingegen zeigte den Sturz eines guten oder noblen Menschen, der schuldlos in einen Konflikt gerät. Der Zuschauer sollte Mitleid und Furcht empfinden, Gefühle, die eine reinigende Wirkung besitzen: Nach Aristoteles wird das Publikum durch die Katharsis von diesen negativen Gefühlen befreit. Dennoch enthalten die meisten Tragödien auch komische Elemente, denn Humor zieht das Publikum in den Bann. Analog haben viele gute Komödien eine traurige Komponente, was ebenfalls die Aufmerksamkeit des Publikums erhöht.

Aristoteles führte sowohl die Tragödie als auch die Komödie auf religiöse Rituale zurück. Auch wenn offenkundige religiöse Elemente längst verschwunden sind, besitzen Theatervorstellungen noch Elemente eines Rituals: Ohne darüber nachzudenken, verstummen wir zu Beginn der Vorstellung und verfolgen das Stück still im Dunkeln. Das erinnert an die Trancezustände in Ritualen primitiver Religionen, bei denen die Menschen im Geiste in spirituelle Welten reisen.

Die alten Griechen nannten einen Dramatiker *didaskalos*, was üblicherweise mit »Lehrer« übersetzt wird, auch wenn »Führer« es eigentlich besser träfe. Dramatiker leiten uns durch ihre Visionen, die, ganz wie sie es wollen, trocken oder unterhaltsam, besinnlich oder leidenschaftlich, nachdenklich oder impulsiv sein können. Vor allem aber müssen Dramatiker, wie jeder gute Führer, den Weg kennen ...

Ich bin ein Ölmagnat und muss Öl an vier Städte liefern, die in einer geraden Linie zueinander liegen. Nach jeder Fahrt in eine Stadt muss ich zum Öltank zurückkehren. Wo muss ich meinen Tank platzieren, um die gesamte Fahrstrecke zu minimieren? Straßen sind kein Problem, denn ich habe einen Scheich zum Freund und er baut mir kostenlos jede Straße, die ich benötige.

Mathematik, Oxford

Die Lösung scheint einfach zu sein. Unsere Intuition sagt uns, dass der Tank auf der Linie zwischen den vier Städten stehen muss, in gleicher Entfernung zu den beiden mittleren Städten. Wenn alle Städte jeweils 1 Kilometer voneinander entfernt lägen, gäbe das zwei Fahrten von 1 Kilometer Gesamtlänge (je 0,5 Kilometer hin und zurück) und 2 von 3 Kilometern (jeweils 1,5 Kilometer hin und zurück), insgesamt also 8 Kilometer. Intuition ist jedoch nicht immer der Schlüssel zum Erfolg.

Die in der Ausgangsfrage gestellte Aufgabe gehört zu den, wie Mathematiker es nennen, Optimierungsproblemen. Bei ihnen geht es darum, mathematisch die beste Lösung zu einem Problem zu finden, sei es in Form von Minimierung im Sinne der kürzesten Fahrstrecke, oder in Form von Maximierung im Sinne der Entwicklung der bestmöglichen Route. Diese Fragestellungen zählen zu den komplexesten in der Mathematik.

Die Berechnung der kürzesten Distanz hat Mathematiker schon immer fasziniert, nicht nur weil es sich dabei um ein interessantes Problem der Geometrie handelt, sondern auch, weil die Lösung großen praktischen Nutzen hat. Unser Ziel lautet, den Öltank auf den sogenannten Median zu setzen, den Punkt, von dem die Entfernung zu einem Satz gegebener Orte am geringsten ist.

Schon im 17. Jahrhundert stellte der französische Mathematiker Pierre de Fermat den Italiener Evangelista Torricelli, den Erfinder des Barometers, vor ein ähnliches Problem. Er fragte nach dem Punkt im Dreieck, für den die Summe der Entfernungen zu den Ecken minimal ist. Torricelli fand die Lösung, die heute als Fermat-Punkt oder auch als Fermat-Torricelli-Punkt bekannt ist. (Da sich der deutsche Nationalökonom Alfred Weber im Rahmen seiner 1909 entwickelten volkswirtschaftlichen Standorttheorie ebenfalls mit dieser Fragestellung beschäftigte, wird auch der Begriff »Fermat-Weber-Problem« verwendet.) Torricelli zeichnete über den Seiten eines gegebenen Dreiecks ABC drei gleichseitige Dreiecke. Dann verband er die dadurch entstandenen Punkte A1, B1 und C1 mit den gegenüberliegenden Ecken des Dreiecks (also mit A, B beziehungsweise C). Diese Linien schnitten sich dann in einem Punkt F, welcher heute als Fermat-Punkt des Dreiecks bezeichnet wird.

Dank Torricelli und Fermat war das Drei-Punkte-Problem nun gelöst. Den Median in einer Vier-Punkte-Konstellation lokalisierte der italienische Priester und Mathematiker Giovanni Fagnano dei Toschi um 1750. Fagnano erkannte: Wenn die Punkte ein konvexes Viereck aufspannen, liegt der geometrische Mittelwert am Schnittpunkt der beiden Diagonalen. Bilden drei der vier Punkte ein

Dreieck, in dem der vierte Punkt liegt, so ist dieser vierte Punkt der Median.

Mathematikern ist also heute bekannt: Wenn die gegebenen Punkte nicht in einer Linie liegen, gibt es einen genau berechenbaren Median, also eine eindeutige Lösung. In unserem speziellen Fall, bei dem die Punkte auf einer Linie liegen, gibt es jedoch keine eindeutige Lösung. Jeder Standort zwischen oder sogar in den mittleren Städten ist gleich gut. Unsere intuitive Lösung, dass der Tank in gleicher Entfernung zu den beiden mittleren Städten platziert werden müsste, ist also korrekt, aber nicht vollständig.

Wie sich aus unserem Beispiel schließen lässt, ist die Routenoptimierung nicht nur ein abstraktes mathematisches Problem, sondern bietet viele Anwendungsmöglichkeiten in der Praxis. In jüngster Vergangenheit hat die Netzwerkforschung große Aufmerksamkeit erfahren. Sie ist Gegenstand verschiedener Disziplinen, etwa der Psychologie, der Soziologie und der Informatik. Erkenntnisse aus der Netzwerkforschung liefern interessante Hinweise auf ein wichtiges Ordnungsprinzip in unserer Welt. Netzwerke sind in fast allen Lebensbereichen anzutreffen: Menschen organisieren sich in sozialen Netzwerken, das Internet ist ein weltweites Netzwerk zum Austausch von Daten. Transportwege bilden Netzwerke, Ökosysteme ebenfalls. Besonders interessant ist der interdisziplinäre Aspekt der Netzwerkforschung, da sich auf einem Gebiet, zum Beispiel der Biologie, gewonnene Erkenntnisse auf andere Bereiche wie etwa die Volkswirtschaft übertragen lassen.

So untersuchten Wirtschaftswissenschaftler wie Domenico Delli Gatti und Joseph Stieglitz die aktuelle Finanzkrise mit den Methoden der Netzwerkforschung. Sie stellten dabei fest, dass einige Banken überdurchschnittlich stark vernetzt sind, also sehr enge und intensive Geschäftsbeziehungen zu vielen anderen Banken unterhalten. Das ist problematisch, denn wenn eine dieser stark vernetzten Banken zusammenbricht, kann sie das ganze System zum Kollabieren bringen. Bei der Suche nach Lösungsansätzen griffen die Wirtschaftswissenschaftler auf in der Ökologie gewonnene Erkenntnisse über Nahrungsnetze zurück. Im Lauf der Evolution haben sich in Ökosystemen Nahrungsnetze gebildet, die mit dem Aussterben oder Abwandern einer Art relativ gut zurechtkommen. So sind Arten, die viele Verbindungen besitzen, oft mit Arten verknüpft, die über wenige Verbindungen verfügen. Eine Insektenart mag sich zum Beispiel mit Nektar von einer ganzen Reihe von Pflanzenarten ernähren, während die einzelnen Pflanzenarten dagegen nur von dieser Insektenart (oder wenigen weiteren) bestäubt werden. Auf diese Weise wirkt sich eine Katastrophe selbst bei der gut vernetzten Art nur auf einen Teil des Netzes aus.

Der ungarische Professor für Physik Albert-László Barabási ist vor allem für seine Arbeit im Bereich der Netzwerkforschung bekannt. Er schreibt: »Die Diversität der Netzwerke im Geschäftsleben ist überwältigend. Es gibt strategische Netzwerke, Eigentümernetzwerke, Kollaborationsnetzwerke, organisatorische Netzwerke, Netzwerk-Marketing und vielerlei mehr. Es wäre unmöglich, diese vielfältigen Interaktionen in ein einzelnes, allumfassendes Netz zu integrieren. Doch auf welcher Organisationsebene wir die Sache auch betrachten, wir begegnen offenbar immer den gleichen robusten und universellen Gesetzen, die auch in den Netzen der Natur gelten.«

Stellen Sie sich das Gemälde eines Baums vor. Ist der Baum real?

Neuphilologie und Mediävistik, Cambridge

Die spontane Antwort lautet, dass das Bild real ist, der Baum aber nicht, auch wenn es sich um ein reales Gemälde eines real existierenden Baumes handelt. Im alltäglichen Leben fällt es den meisten Menschen leicht, Reales von Nicht-Realem zu unterscheiden. Versucht man jedoch, Realität zu definieren, erweist sich der Begriff schnell als verwirrend. Philosophen beschäftigen sich mit diesem Problem schon seit Jahrtausenden.

Lassen sich Dinge als real beschreiben, weil wir sie mit unseren Augen sehen? Das scheint ein guter Test zu sein, zumal unsere optische Wahrnehmung häufig durch Informationen von unseren weiteren Sinnesorganen bestätigt wird. Doch kann man wirklich sicher sein, dass das Gesehene real ist? Verschwindet es vielleicht, sobald wir wegschauen? Träumen wir eventuell nur? Oder werden wir von einem Hologramm in die Irre geführt? Vielleicht täuscht uns unser Selbstverständnis als Menschen ja auch und wir sind nicht mehr als eine in einer Nährstofflösung konservierte Gehirnmasse, der ein verrückter Wissenschaftler eine virtuelle Welt vorgaukelt? Selbst unsere Erinnerungen könnten auf einer Illusion beruhen – wer sagt, dass die Welt nicht erst vor ein paar Minuten entstanden ist, mitsamt all den Erinnerungen in unserem Gedächtnis? Descartes behauptete, wir könnten uns nur der Tatsache sicher sein, dass wir denken. Diese Idee fasste er in dem Spruch *Cogito, ergo sum* (»Ich denke, also bin ich«) zusammen.

Eines der Probleme der visuellen Wahrnehmung als Realitätsnachweis besteht darin, dass unsere Augen die Dinge zu verschiedenen Zeiten unterschiedlich sehen und mitunter Täuschungen unterliegen. Der Himmel scheint nachts schwarz und tagsüber blau. Ein Kleid mag im Sonnenlicht weiß wirken, aber gelb im Kerzenlicht. Eisenbahngleise scheinen in der Entfernung aufeinander zuzulaufen. Weiter entfernte Dinge wirken kleiner. An heißen Tagen nehmen wir auf Straßen imaginäre Pfützen wahr. Der griechische Philosoph Platon bezeichnete das, was wir für die Realität halten, als Schatten von Gegenständen, die durch das Feuer in der unterirdischen Höhle, die symbolisch für das Dasein des Menschen steht, an die Wand geworfen werden – die wahre Realität hingegen spiele sich draußen im Sonnenlicht ab. Nach Platons Ansicht befindet sich hinter der veränderlichen, unvollkommenen Welt, die wir wahrnehmen, eine andere Ebene mit unwandelbaren, perfekten Formen und einer inneren Realität, die so gleißend ist wie der sonnenhelle Tag vor der Höhle. Die Philosophie hat sich heute weitgehend von dieser Sichtweise verabschiedet, doch auf Schriftsteller übt sie weiterhin große Faszination aus.

Der englische Philosoph John Locke löste das Problem der Illusionen anders. Seiner Auffassung nach arbeitet der menschliche Verstand wie ein »Schrank, in dem es völlig dunkel ist«. Nur durch kleine Ritzen dringen Abbilder von Gegenständen ein. Diese Abbilder erzeugen unsere Vorstellung von der Realität. Wir sehen also keine realen Gegenstände, obwohl diese existieren, sondern unser Verstand erzeugt aus visuellen Eindrücken Repräsentationen von Gegenständen. In anderen Worten: Einen Baum zu sehen bedeutet, das Abbild eines Baums in unserem Verstand zu sehen. Zu beobachten, wie sich jemand unter den Baum setzt, ist, als sähe man einen im Kopf ablaufenden Film. Wenn dem so ist, dann ist unser Gemälde von einem Baum nicht weniger real als ein »echter« Baum, denn es gibt schlicht wieder, wie der Künstler den Baum vor seinem geistigen Auge sah.

Eines der Probleme dieses »repräsentativen Realismus« besteht darin, dass man sich fragen muss, wer der Beobachtende überhaupt ist. Wenn der Mensch keine realen Dinge wahrnimmt, sondern im Geist innere Bilder erzeugt, setzt dies die Existenz eines weiteren Betrachters voraus, der diese inneren Bilder sieht. Unbetrachtete Bilder können schließlich zu keinem bewussten Wahrnehmungserlebnis führen. Descartes geht davon aus, dass sich im Kopf des Menschen ein »Homunkulus« genanntes immaterielles Wesen befindet, das die inneren Bilder sieht. Doch wer oder was ist ein »Homunkulus«? Und wer wiederum befindet sich in dessen Kopf, um seine erzeugten Bilder zu sehen? Diese Vorstellung erinnert an eine äußerst absurde Form russischer Matrjoschka-Puppen.

Aus diesem Grund hielten Philosophen wie Berkeley die Frage, ob etwas außerhalb unserer Wahrnehmung »real« sei, für sinnlos. Es sei schlicht unmöglich festzustellen, ob es in der Welt noch eine weitere Realität gebe. Berkeley befand: *Esse est percipi* – zu sein bedeutet, wahrgenommen zu werden. In anderen Worten: Die Realität existiert nur so lange, wie sie wahrgenommen wird. Wenn ich blinzle, verschwindet die Realität kurz. Diese Vorstellung ist, obwohl recht logisch, solipsistisch und widerspricht jeder Intuition. Wer diese Ansicht vertritt, mag durchaus als ein wenig verrückt gelten.

Am wahrscheinlichsten ist wohl, dass wir tatsächlich in einer Welt realer Dinge leben und diese Dinge unsere Wahrnehmung auslösen. Diese Annahme, die in der Theorie des kausalen Realismus formuliert wird, klingt selbstverständlich; ihr Kernpunkt liegt darin, dass es eine direkte Verbindung zwischen der Wirklichkeit und unseren Sinneseindrücken gibt. Auch diese Sichtweise kann nicht logisch bewiesen werden – wir können nie ausschließen, dass wir nicht doch nur als in einer Nährlösung konservierte Hirnmasse existieren –, es gibt aber auch keine Gegenbeweise. Und es ist die sinnvollste, pragmatischste Herangehensweise an die Realität.

Wir sind uns recht sicher, dass wir, wenn wir einen Baum betrachten, einen tatsächlich existierenden Baum sehen. Das wird uns dadurch bestätigt, dass andere Menschen den Baum ebenfalls wahrnehmen (wenn auch vielleicht anders). Desgleichen sind wir uns bei der Wahrnehmung eines Gemäldes sicher, sagen zu können, das Gemälde sei real. Mit der gleichen Gewissheit nehmen wir wahr, dass der abgebildete Baum nicht real, sondern von einem Künstler geschaffen ist. Der Baum mag das Porträt eines realen Baumes sein, vielleicht existiert der Baum aber auch nur im Kopf des Künstlers. Der Maler allein entscheidet, wie er den Baum darstellt, »realistisch« wie bei den Präraffaeliten oder abstrakt im Stil Picassos.

Verfügt eine Schnecke über ein Bewusstsein?

Experimentelle Psychologie, Oxford

Diese Frage wirkt harmlos, und doch stellt sie Philosophen und Wissenschaftler vor bis heute ungelöste Probleme. Allein die Definition von Bewusstsein ist schwierig.

Im alltäglichen Sprachgebrauch bedeutet »Er ist bei Bewusstsein«, dass jemand wach und ansprechbar ist. Auch bei Schnecken (wie bei den meisten Tieren) wechseln sich Schlaf- und Aktivitätsphasen ab. Wache Schnecken sind sich bestimmter Umstände in ihrer Umgebung bewusst genug, um darauf zu reagieren. Auf Essbares bewegen sie sich zu, vor Bedrohungen fliehen sie – wenn auch in ihrer typisch langsamen Geschwindigkeit. Doch aus unserer eigenen Erfahrung wissen wir, dass zu »Bewusstsein« noch viel mehr gehört.

Die Schwierigkeit besteht darin, sich in den Kopf eines Tieres hineinzuversetzen und herauszufinden, wie es denkt. Bewusstsein ist eine individuelle Erfahrung. Es fällt uns allein schon schwer zu ermitteln, was Bewusstsein für andere Menschen bedeutet, obwohl wir uns dabei der Sprache und anderer Mittel der Kommunikation bedienen können. Bei Tieren können wir lediglich deren Verhalten und Reaktionen beobachten.

Menschen neigen von jeher dazu, sich als besondere, von den Tieren abgrenzende Wesen zu betrachten. Physisch haben wir zwar viel mit den Tieren gemein, aber wir gehen davon aus, dass unser Verstand uns als einzigartig auszeichnet. Schon Aristoteles schrieb dem Menschen ein einzigartiges Bewusstsein zu. Manchmal wird das menschliche Bewusstsein als Fähigkeit zur Selbsterkenntnis beschrieben: Wir wissen, dass wir ein Bewusstsein haben, und besitzen eine Vorstellung von dem, was wir sind. Lange galt es als gesichert, dass nur Menschen sich in einem Spiegel erkennen. Doch dann stellte sich heraus, dass auch Menschenaffen, Elefanten und Delfine über diese Fähigkeit verfügen. Die aktuelle Forschung zeigt sogar, dass selbst Elstern mit ihren kleinen Gehirnen dazu in der Lage sind. Auch wenn wir Schnecken diese Fähigkeit kaum zutrauen: Nachgeprüft worden ist es noch nicht. Schließlich wäre es fast unmöglich, einen Test zu entwickeln, der mit Sicherheit nachweist, dass eine Schnecke sich nicht im Spiegel erkennt. Da die fundamentalen Unterschiede zwischen Schnecke und Mensch zudem die Annahme ausschließen, Schnecken könnten Bewusstsein ähnlich erleben wie wir, würde selbst ein gescheiterter Spiegeltest nichts über die Schnecke aussagen.

Über die Jahrhunderte hinweg haben sich zahllose Philosophen von Descartes bis Daniel Dennett mit dem Wesen des Bewusstseins beschäftigt. Für Descartes war die Tatsache, dass sich der Mensch seiner Fähigkeit zu denken bewusst war, Grundmerkmal der menschlichen Existenz. In den letzten Jahrzehnten haben Neurowissenschaftler, Psychologen und auf dem Gebiet der künstlichen Intelligenz arbeitende Wissenschaftler das Bewusstsein erforscht. Während Philosophen über die tiefere Bedeutung von Bewusstsein nachdenken, haben Forscher wie Francis Crick und Roger Penrose zu erklären versucht, wo und wie es physiologisch im Gehirn entsteht.

Die meisten Denker stimmen darin überein, dass die Definition von Bewusstsein zu den schwierigsten Aufgaben zählt. In seinem 1989 veröffentlichten *Dictionary of Psychology* schreibt der britische Psychologe Stuart Sutherland: »Bewusstsein ist ein faszinierendes, aber schwer fassbares Phänomen; es lässt sich nicht spezifizieren, was es ist, was es tut oder warum es sich entwickelte. Nichts, was je darüber geschrieben wurde, ist lesenswert.« Andere Forscher sind weniger pessimistisch, und die Studien zeitigen auch Fortschritte. 2009 belegten französische Wissenschaftler, dass Bewusstsein eine koordinierte Aktivität darstellt, die das gesamte Gehirn und nicht nur einen Teilbereich umfasst. Der britische Psychologe Nick Humphrey präsentierte vor Kurzem die Theorie, Tiere könnten ein Bewusstsein entwickeln, indem sie sich Reaktionen auf ihre Umwelt merken, diese Reaktionen anschließend internalisieren und daraus ein Gefühl für das eigene Ich und einen Selbsterhaltungstrieb ausbilden, der ihnen einen evolutionären Vorteil verschafft. Trifft diese Hypothese zu, gibt es keinen Grund, warum sich nicht im gesamten Tierreich ein Bewusstsein entwickelt haben sollte, bis hinunter zu den Schnecken. Sollten Schnecken über diese Art der Selbstwahrnehmung verfügen, würde diese zwar niemals an die des Menschen heranreichen, dennoch wäre es voreilig, sie als gallertartige Automaten abzutun.

Manche Denker teilen das Bewusstsein in zwei Arten auf. Der amerikanische Linguist und Philosoph Ned Block bezeichnete es als »Zugangsbewusstsein« und »phänomenales Bewusstsein«. »Zugangsbewusstsein« bezeichnet Gedächtnisinhalte und die Fähigkeit, diese abzurufen. »Phänomenales Bewusstsein« bezieht sich auf den subjektiven Erlebnisgehalt des Bewusstseins, an den körperliche Reaktionen gekoppelt sind. Schmerz spüren, Kaffee schmecken, Musik hören – all dies gehört zum auch als Qualia bezeichneten phänomenalen Bewusstsein, das sich von Mensch zu Mensch unterscheidet. Einige Denker machen Qualia als den Unterschied zwischen Menschen und Zombies aus. Zombies haben keine Qualia, also keine subjektive Erlebniswelt, und sind deswegen nicht mehr als Puppen.

In den 1970er-Jahren verfasste Thomas Nagel seinen berühmt gewordenen Artikel »Wie fühlt es sich an, eine Fledermaus zu sein?«, in welchem er Qualia mit der Frage »Wie fühlt es sich an?« nachspürte. Seine Schlussfolgerung: Es ist bislang keine Methode bekannt, die es ermöglicht, uns in eine Fledermaus (oder eine Schnecke oder einen Mitmenschen) hineinzuversetzen – und solange wir dieses subjektive Erleben der Welt nicht nachvollziehen können, erübrigt sich jede Debatte über die physikalische Beschaffenheit des Bewusstseins. David Chalmers sprach in diesem Zusammenhang vom »schwierigen Problem des Bewusstseins« (im Kontrast zum leichter verständlichen »Zugangsbewusstsein«). Andere Denker wie Daniel Dennett halten die Aufspaltung in verschiedene Arten des Bewusstseins und das Konzept der Qualia für irreführend; sie glauben an ein einheitliches, allumfassendes Bewusstsein. In Bezug auf die Ausgangsfrage können wir also nur sagen, dass wir darüber sehr wenig wissen – weniger als die Schnecke.

Warum gibt es Salz im Meer?

Biochemie, Oxford

Nun, streng genommen gibt es gar kein Salz im Meer, nur gelöste chemische Stoffe, die sich zu Salz verbinden, wenn sie auskristallisieren. Sie geben Meerwasser den salzigen Geschmack. Bis heute wurden 72 Elemente im Meerwasser nachgewiesen, und höchstwahrscheinlich ließe sich jedes natürlich vorkommende Element der Erde irgendwo im Meer finden. Den mit Abstand größten Anteil haben aber Chlorid (etwa 55,3 Prozent) und Natrium (etwa 30,8 Prozent), die zusammen Kochsalz bilden. Weitere relativ stark vertretene Elemente sind Magnesium (3,7 Prozent), Schwefel (2,6 Prozent), Kalzium (1,2 Prozent) und Kalium (1,1 Prozent).

Der durchschnittliche Salzgehalt von Meerwasser liegt bei etwa 35 Promille – das sind 35 Teile Salz in 1000 Teilen Wasser. Das ist eine gewaltige Menge – sie entspricht etwa einem Teelöffel Salz in einem Glas Wasser. Wenn man die gesamte Wassermenge in den Meeren überschlägt, lässt sich anhand der durchschnittlichen Salinität errechnen, dass sich im Meer gigantische 50 Billiarden (eine Billiarde ist eine Million Milliarden, eine Zahl mit sage und schreibe 15 Nullen) Tonnen Salz befinden. Würde man diese Salzmenge über der Landmasse verteilen, verschwände die Erde unter einer 160 Meter hohen Salzschicht!

Seit den 1884 von William Dittmar durchgeführten Messungen ist allerdings bekannt, dass der Salzgehalt der Meere variiert. Im Roten Meer und im Persischen Golf ist die Salinität am höchsten, in der Ostsee und im Arktischen Ozean am niedrigsten. Diese Unterschiede geben einen Hinweis darauf, warum in den Meeren Salz entsteht.

In warmen Gewässern ist der Salzgehalt hoch, weil die Verdunstung hoch ist: reines Wasser verdampft, das Salz bleibt zurück, der relative Salzgehalt steigt. In kühleren Regionen ist die Verdunstung niedriger, zudem wird den Meeren dort durch Flüsse und schmelzende Gletscher immer wieder frisches Wasser zugeführt.

Die Ozeane bildeten sich möglicherweise, nachdem Wasserdampf aus geschmolzenem Gestein entwichen war, das im frühesten Stadium der Erdgeschichte einen großen Teil der Oberfläche bedeckte. Der Wasserdampf bildete Wolken, die sich abregneten, als die Erde abzukühlen begann. Anfangs war das Wasser in den Meeren mehr oder weniger Süßwasser. Erst später stieg der Salzgehalt an. Das Salz kam aus drei Hauptquellen: aus Flüssen (die auf ihrem Weg zum Meer Salz aus dem Gestein lösten), hydrothermalen Spalten am Meeresgrund und unterseeischen Vulkanen.

Regenwasser, das über Land (oder den Meeren) niedergeht, ist mehr oder weniger reines (aufgrund gelöster Gase aus der Atmosphäre leicht saures) Wasser. Deswegen führen Flüsse Süßwasser, – mit Spuren von Salz, das sie auf dem Weg zum Meer aus dem Gestein gelöst haben.

Jedes Jahr spülen Flüsse weltweit geschätzte 4 Milliarden Tonnen Salz ins Meer. Bei dieser Menge hätte es 200 bis 300 Millionen Jahre gedauert, bis die Meere ihre heutige Salinität erreicht hätten. Das Süßwasser der Flüsse mindert den Salzgehalt des Meerwassers nicht, weil es nur die Flüssigkeit ersetzt, die die Ozeane ständig durch Verdunstung verlieren. Allerdings ist dort, wo die Flüsse ins Meer münden und kontinuierlich Süßwasser zuführen, der Salzgehalt des Meerwassers niedriger. In der Mitte des Ozeans ist er am höchsten. Aber warum versalzen Ozeane nicht vollständig? Weil sich – so die Theorie – mittlerweile ein Gleichgewicht eingestellt hat: Was dem Meerwasser jährlich an Salz hinzugeführt wird, entspricht genau der Menge, die sich am Meeresgrund absetzt.

Interessanterweise enthält Flusswasser viel größere Mengen an Kalzium, Hydrogenkarbonaten und Kieselerde, als im Meerwasser nachzuweisen sind. Schuld daran sind Meeresorganismen: Zahllose Weichtiere, Krustentiere, Foraminiferen und Korallen verwenden Kalzium zum Aufbau ihrer Skelette und Schalen. Kieselalgen entziehen dem Wasser Kieselerde. Andere Wesen verändern die chemische Zusammensetzung des Meeres auf subtilere Weise; so entziehen etwa Schnecken dem Wasser Blei, während Seegurken Vanadium ausscheiden.

Warum geben die Krankenkassen ihr knappes Geld dafür aus, alte Leute am Leben zu erhalten?

Wirtschaftswissenschaften, Cambridge

Der Schriftsteller Anthony Powell schrieb einmal: »Alt zu werden bedeutet, immer härter für ein Verbrechen bestraft zu werden, das man nicht begangen hat.« Nach Jahrzehnten harter Arbeit und pflichtgemäßer Steuerzahlungen darf man sich endlich zur Ruhe setzen – und was passiert? Den Körper plagen Zipperlein, die Sinne werden schwächer und einschlafen kann man nur noch gut, wenn man sich mitten in einem Gespräch befindet. Und damit nicht genug: Manche Mitbürger vermitteln einem auch noch das Gefühl, man plündere die Krankenkassen. Kein Wunder, dass viele alte Menschen murren!

Dennoch ist die Frage nicht völlig unberechtigt. Natürlich verdienen alte Menschen ebenso wie alle anderen, behandelt zu werden – vielleicht haben sie sogar ein größeres Recht darauf, schließlich haben sie ihr ganzes Arbeitsleben lang in die Sozialkassen eingezahlt. In Deutschland wird jedermann kostenlos behandelt. Alte Menschen bilden da keine Ausnahme. Das System ist ganz einfach: Wer krank ist, wird behandelt.

Doch leider erfüllen Gesundheitssysteme diesen Anspruch nicht immer. Das zeigte sich in England, wo die British Geriatric Society eine Umfrage unter den Ärzten des staatlichen Gesundheitssystems durchführen ließ. Darin erklärte mehr als die Hälfte der Befragten, was sie heute im Alltag der medizinischen Versorgung erlebten, ließe sie für ihr eigenes Alter Schlimmes ahnen. Die meisten Ärzte waren der Ansicht, dass alte Menschen oberflächlicher untersucht würden. Wenn betagte Patienten über Beschwerden klagten, gingen Ärzte oft einfach davon aus, dass die Symptome altersbedingt seien, ohne weiter nach den Ursachen zu forschen.

Natürlich sind viele Gesundheitsprobleme alter Menschen unvermeidliche Begleiterscheinungen des Alterns. Das bedeutet aber nicht, dass es dafür keine Behandlungsmöglichkeiten gibt. Oft sprechen alte Menschen auch schlechter auf Therapien an als junge Leute. Deswegen wird manchmal gefordert, die knappen Ressourcen des Gesundheitssystems vornehmlich zur Behandlung jüngerer Menschen einzusetzen, bei denen die Investition eine deutlichere Erhöhung der Lebensqualität bewirkt. In Großbritannien, wo das Gesundheitssystem ebenfalls die gleichberechtigte Behandlung aller Kranken vertritt, gibt es Hinweise darauf, dass alte Menschen als Patienten zweiter Klasse behandelt werden. Zum Beispiel müssen diese für Hüft- oder Kniegelenksoperationen, (die typischerweise von alten Menschen benötigt werden) längere Wartezeiten in Kauf nehmen. Frauen über 70 werden im Unterschied zu jüngeren Frauen nicht mehr automatisch an die nächste Mammografie erinnert. Ältere Frauen mit Brustkrebs bekommen mit geringerer Wahrscheinlichkeit das ganze Spektrum der Krebsbehandlung angeboten.

2005 sorgte die Aussage des dem deutschen Institut für Qualität und Wirtschaftlichkeit im Gesundheitswesen vergleichbaren Verbands in Großbritannien für Aufregung: »Wenn das Alter Indikator für den Erfolg oder Misserfolg einer Behandlung ist, kann Altersdiskriminierung angemessen sein.« Die Wohlfahrtsorganisation Help The Aged, die sich der Seniorenfürsorge widmet, entgegnete verärgert: »Diese Ansichten verstärken das in der Bevölkerung bereits verbreitete Vorurteil, dass das Leben alter Menschen weniger wert ist.«

Es ist vielleicht verständlich, dass über Einschränkungen in der Behandlung alter Menschen nachgedacht wird. Dem Anschein nach ist es sinnvoller, die besten (und teuersten) Behandlungsmethoden eher 19-Jährigen zukommen zu lassen, die noch ihr ganzes Leben vor sich haben, anstatt 89-Jährigen, die sich schlechter erholen und für erneute Erkrankungen anfälliger sind. Krankenhausverwaltungen und Ärzte könnten anführen, dass man angesichts chronischer Überlastung schlicht Prioritäten setzen müsse. Oft herrscht auch die Einstellung, dass alte Leute ihren »gerechten Anteil« bereits erhalten hätten. Ärzte, die 89-Jährige mit der gleichen Leidenschaft behandeln wie 19-Jährige, müssen sich zuweilen der Tatsache stellen, dass sie auf verlorenem Posten kämpfen, da sie keine dauerhafte Genesung bewirken können und letztendlich den Tod des Patienten akzeptieren müssen. An welchem Punkt geben die Ärzte auf?

Aber es gibt ein Problem mit übergroßem Pragmatismus. Unser Gesundheitssystem strebt ein Ideal an – bestmögliche Versorgung für jedermann –, das man nicht leichtfertig aufgeben sollte. Für jeden einzelnen Patienten sind Gesundheit und Leben die höchsten Güter. Der Grundidee unseres Gesundheitssystems nach darf es kein Abwägen geben zwischen der Gesundheit einzelner Patienten. *Jeder* sollte die bestmögliche Behandlung bekommen. Eine Lockerung dieses Prinzips unterminiert die beruhigende Gewissheit, im Krankheitsfall behandelt zu werden. Und wer möchte Ärzten die schwierige Entscheidung aufbürden, welcher Patient eine Behandlung verdient und welcher nicht?

Klar, die Gesundheitsausgaben steigen Jahr für Jahr und der Anteil alter Menschen erhöht sich ebenfalls. Heute sind bereits mehr als 20 Prozent der Deutschen über 60 Jahre alt, und alte Menschen werden nun einmal öfter krank. In England sind 55 Prozent aller 75- bis 84-Jährigen krank oder behindert, bei den über 85-Jährigen liegt der Anteil sogar bei 66 Prozent. Die Überalterung der Gesellschaft, so das Argument, wird dem Gesundheitssystem Enormes abverlangen, zumal ja die Menge der Beitragszahler, also der jungen Leute, im Verhältnis immer kleiner wird. Diese Tatsache müssen wir jedoch akzeptieren und handeln, bevor es zur Katastrophe kommt. Allerdings darf man auch nicht vergessen, dass alte Menschen heutzutage wesentlich gesünder sind als ihre Altersgenossen es früher waren. Genau deswegen ist der Prozentsatz alter Menschen in der Bevölkerung ja so hoch. Wenn also nun weitaus mehr hinfällige 90-Jährige vom Gesundheitssystem versorgt werden müssen, ist dafür aber auch die Zahl fitter 60-Jähriger viel höher, die wirtschaftlich, sozial und intellektuell weiter zum Reichtum der Gesellschaft beitragen. Wie dem auch sei: Eine Gesellschaft, die sich nicht um ältere Menschen kümmert und ihnen nicht höchsten Respekt entgegenbringt, darf man durchaus als krank und behandlungsbedürftig bezeichnen.

Sie haben ein 3-Liter-Gefäß und ein 5-Liter-Gefäß. Messen Sie 4 Liter ab.

Mathematik, Oxford

Dieses Problem wurde sogar in einem Film dargestellt: In *Stirb langsam: Jetzt erst recht* fordert der Schurke Simon Gruber (gespielt von Jeremy Irons) von John McClane (Bruce Willis) und Zeus (Samuel L. Jackson), dieses Rätsel zu lösen, bevor er eine Bombe zündet. McClane und Zeus machen sich fieberhaft ans Werk: Sie füllen das 5-Liter-Gefäß und gießen 3 Liter in das andere Gefäß ab. Damit bleiben noch 2 Liter in dem größeren Gefäß. Jetzt leeren sie das kleinere Gefäß und schütten dann die verbleibenden 2 Liter aus dem größeren hinein. Danach füllen sie das große Gefäß neu und gießen daraus Wasser in das kleinere Gefäß, bis dieses voll ist. Da es vorher schon 2 Liter Wasser enthielt, passt nun nur noch 1 Liter in das kleinere Gefäß. Also bleiben im großen Gefäß noch 5 − 1 = 4 Liter übrig. Et voilà! Die Bombe wird im letzten Moment entschärft!

Die Aufgabenstellung ist einfach, aber die Lösung erfordert durchaus Kreativität. Deswegen eignet sich das Rätsel auch ideal für einen Hollywood-Film: Die Zuschauer verstehen die Aufgabe, jeder kann mitträtseln. Dabei ist die Problemstellung uralt. Schon vor 2300 Jahren formulierte der griechische Mathematiker Euklid einen Lösungsweg für Aufgaben dieser Art. Im Kern geht es um die Subtraktion relativer Primzahlen. Eine relative Primzahl ist eine Zahl, die mit einer anderen Zahl keinen gemeinsamen Teiler hat. Echte Primzahlen sind dagegen Zahlen, die nur durch sich selbst und die Einheit teilbar sind. Folglich sind zum Beispiel 15 und 16 relative Primzahlen, obwohl beide keine echten Primzahlen sind. 15 und 21 sind keine relativen Primzahlen, weil sie beide durch 3 teilbar sind.

Der von Euklid vorgelegte Beweis ist komplex, die darin enthaltene Arithmetik jedoch überschaubar. Wenden wir sie also auf eine weitere Problemstellung an. Die Aufgabe lautet, mithilfe einer 5-Minuten- und einer 9-Minuten-Sanduhr ein Ei genau 13 Minuten lang zu kochen.

Man startet beide Uhren gleichzeitig und dreht die 5-Minuten-Uhr sofort um, wenn der Sand durchgelaufen ist. Nach 9 Minuten, wenn die größere Sanduhr abgelaufen ist, bleibt in der oberen Hälfte der 5-Minuten-Uhr 1 Minute übrig, unten sind 4 Minuten durchgelaufen. Man legt die Eier ins kochende Wasser und dreht die 5-Minuten-Uhr um, sodass nun die 4 Minuten oben sind. Wenn diese 4 Minuten abgelaufen sind, dreht man die andere Uhr um, die 9 Minuten läuft, und erreicht damit exakt 13 Minuten.

Probleme dieser Art lassen sich mathematisch allgemein so formulieren:

$$mp + nq = k$$

Wobei p und q die gegebenen Maße sind und m und n die Anzahl der Wiederholungen für die einzelnen Gefäße (o.Ä.) bezeichnen. Positive Werte für m oder n heißen »Füllen«, negative »Ausleeren«. Bei unserem *Stirb-langsam*-Rätsel ist p gleich 3 und q gleich 5. So erhält man k gleich 4 für m = 3 und n = -1:

$$3 \cdot 3 + (-1) \cdot 5 = 4$$

Man würde das 3-Liter-Gefäß also dreimal füllen (9 Liter), den Inhalt in ein Sammelbecken schütten und aus diesem dann einmal das 5-Liter-Gefäß füllen. Bleiben 4 Liter im Sammelbecken.

Genauso gut könnte man aber zweimal das große Gefäß füllen, den Inhalt in das Sammelbecken schütten und zweimal den Inhalt des 3-Liter-Gefäßes daraus abschöpfen:

$$-2 \cdot 3 + 2 \cdot 5 = 4$$

Diese beiden Lösungen unterscheiden sich von derjenigen in *Stirb langsam*, sind mathematisch ebenfalls korrekt. Sie bedürfen allerdings eines größeren Sammelbehälters, der im Film nicht zur Verfügung stand.

Eine Frau stellte den Antrag, die Eingangstür ihres in einem städtebaulichen Erhaltungsgebiet liegenden Hauses lila zu streichen. War es fair von der Planungsbehörde, diesen Antrag abzulehnen?

Land Economy, Cambridge

Die Ansicht, dass man das historische Erbe durch Gesetze vor den Verwüstungen der Moderne beschützen müsse, stammt aus der Mitte des 19. Jahrhunderts. Die rasch voranschreitende Industrialisierung und Verstädterung vernichtete jahrhundertealte Lebensstile, und viele fürchteten, etwas Wertvolles ginge verloren – nicht nur Materielles, sondern auch unsere ungreifbare, zerbrechliche, aber ungemein wertvolle Verbindung zur Vergangenheit. Es ist kein Zufall, dass die Industrialisierung in England vom aufkommenden neogotischen Baustil begleitet wurde, von den mittelalterlich anmutenden Bildern der Präraffaeliten und dem Arts and Crafts Movement zum Schutz des Kunsthandwerks.

Der Denkmalschutz begann in England im Jahr 1882, als eine landesweite Liste erhaltenswerter archäologischer und historischer Stätten aufgestellt wurde. Seit 1947 schützen in England zudem städtische Gesetze historisch bedeutsame Gebäude vor Abriss oder Verschandelung. In den 1960er-Jahren wurden erste bauliche Erhaltungsgebiete ausgewiesen. In den 1980er-Jahren wurden Schlachtfelder, historische Parks und Gärten unter den Schirm des Gesetzes gestellt, zuletzt wurden auch unterseeische Stätten aufgenommen.

Erhaltungsgebiete wurden ausgewiesen, nachdem man erkannt hatte, dass nicht nur Schlösser, Burgen und einzelne mittelalterliche Cottages schützenswert sind, sondern auch ganze Wohngegenden mit »herkömmlichen« alten Gebäuden. Ziel war es, das spezielle historische Ambiente solcher Viertel zu erhalten. Anders als Ausgrabungsstätten, in denen Historie in unverändertem Zustand präsentiert wird, besitzen Erhaltungsgebiete keinen musealen Charakter. In diesen Gegenden leben Menschen, die eine gewisse Freiheit brauchen, ihr Haus nach ihrem Geschmack zu gestalten, ohne dauernd von den Denkmalschutzbehörden eingeschränkt zu werden. Ohnehin waren diese Gebiete durchgehend bewohnt und ständigen Veränderungen unterworfen. Sollte man sie nun genau so erhalten, wie sie heute sind? Oder versuchen, den ursprünglichen Zustand zur Zeit der Erbauung zu rekonstruieren? Oder den Zustand in der Blütezeit des Viertels? Und wie weit darf man den Perfektionismus treiben? Wenn ein 150 Jahre altes Schieferdach nicht mehr zu reparieren ist, darf es dann durch ein neues Dach mit zeitgenössischen Materialien ersetzt werden oder muss der Eigentümer teure handgearbeitete Schindeln verbauen?

Da es auf diese Fragen keine einfachen Antworten gibt, streiten sich die Eigentümer von Häusern in Erhaltungsgebieten oft mit den Denkmalschutzbehörden. Für die meisten Erhaltungsgebiete geben die Behörden genaue Richtlinien heraus, welche Änderungen gestattet sind – und welche verboten sind, da sie das Gesamtbild stören. So können zum Beispiel moderne Anbauten untersagt sein oder der Austausch hölzerner Schiebefenster durch Fenster mit Aluminiumrahmen. Die Vorschriften unterscheiden sich von Gebiet zu Gebiet. In Vierteln mit Naturstein- oder Ziegelfassaden ist es oft nicht gestattet, die Häuser zu streichen, insbesondere in grellen Farben. Das ist auch sinnvoll, denn ein quietschgelb gestrichenes Haus würde nicht nur selbst seinen historischen Charakter verlieren, es würde auch das einheitliche Erscheinungsbild der Häuserzeile zerstören, das einen großen Teil des Charmes ausmacht.

Gilt das Gleiche nun für eine kleine Veränderung wie eine lila Tür? Durchaus möglich. Wenn der besondere Charme einer Häuserzeile auf zarten Pastelltönen oder Türen und Fensterrahmen aus Naturholz beruht, würde eine lila Tür den Gesamteindruck zerstören und auffallen wie eine hässliche Zahnlücke. Der Gesamteindruck ist wichtig, da hinter den Vorgaben die Intention steckt, das Gebiet für alle Menschen zu erhalten, nicht nur für die Bewohner. Natürlich entstehen keine dauerhaften Schäden, wenn man eine Tür umstreicht, und die Eigentümerin könnte vorbringen, dass es allein ihre Entscheidung sei, in welcher Farbe sie ihre Haustür gestalte. Das Konzept der Erhaltungsgebiete beruht jedoch darauf, dass die Eigentümer entsprechender Immobilien zum Wohl der Allgemeinheit in der freien Ausübung ihres Eigentumsrechts eingeschränkt werden.[3]

Jetzt könnte man argumentieren, jeder besitze ein absolutes Recht, mit seinem Eigentum nach Gusto zu verfahren. In einer Gesellschaft ohne allgemeingültige Bauvorschriften würden jedoch nicht nur hässliche, chaotische und wenig lebenswerte Städte entstehen, es würden

---

[3] Die Frau könnte einwenden, dass sie vor 100 Jahren die Tür nach Belieben lila hätte streichen dürfen, dass das pastellfarbene Erscheinungsbild also nicht notwendigerweise historisch »original« ist. Denkmalschutzgesetze haben aber üblicherweise nicht zum Ziel, eine Idealform der Vergangenheit wiederherzustellen, sondern das historische Flair zu erhalten – darin liegt der fundamentale Unterschied zu pseudohistorischer Rekonstruktion. Natürlich ist das ein andauernder Streitpunkt: Wenn etwas ersetzt werden muss, inwieweit muss das durch ein angenommenes oder genau recherchiertes historisches Äquivalent geschehen?

auch endlose Streitigkeiten zwischen Nachbarn entbrennen, wenn zum Beispiel wieder jemand neben einem Kindergarten einen Strip-Club eröffnet oder in einem Wohnviertel ein Chemiewerk errichtet wird. Bauvorschriften beruhen auf einem gesellschaftlichen Konsens, und zumindest theoretisch hat man bei Wahlen auf Gemeinde-, Landes- oder Bundesebene die Chance, Parteien zu wählen, deren Vorstellungen zu diesem Thema den eigenen entsprechen. Das Gleiche gilt für Erhaltungssatzungen. Jedem steht es frei, in einem Erhaltungsgebiet zu wohnen oder nicht. Wenn die Frau unbedingt eine lila Tür haben möchte, dann muss sie eben umziehen.

Natürlich sind einige Vorschriften für Erhaltungsgebiete unangemessen und schränken die individuelle Freiheit übermäßig ein. Schließlich verliert ein historisches Ensemble seine Vitalität und einen Großteil des Flairs, wenn jede Individualität und jede Veränderung unterdrückt wird. Es gilt also, eine Balance zu finden. Vielleicht ist das Urteil über die lila Tür zu streng ausgefallen und die Bearbeiter haben den Fall nicht sorgfältig abgewogen, sondern sich blind auf ihre Vorschriften berufen.

Auf die Frage, was erhalten und was modernisiert gehört, gibt es sicher keine endgültige Antwort. Das System sollte deshalb den Meinungsaustausch nicht nur zulassen, sondern aktiv fördern. Wenn die Frau das Gefühl gehabt hätte, mit ihrem Anliegen Gehör zu finden, und den abschlägigen Bescheid aufgrund plausibler Argumente erhalten hätte, hätte sie vielleicht anders reagiert und ihre Tür freiwillig pastellfarben gestrichen. Vielleicht hätten in einem persönlichen Gespräch aber auch die Behörden eine andere Entscheidung getroffen …

Glauben Sie, dass Mao Zedong auf das heutige China stolz wäre?

Orientalistik, Cambridge

Als Mao Zedong 1976 starb, hinterließ er ein Land in Aufruhr. Er hatte China nicht, wie versprochen, in eine glänzende Zukunft geführt, sondern in die katastrophalsten, tragischsten Jahrzehnte seiner Geschichte. Das ganze Ausmaß des von Mao angerichteten Desasters lässt sich kaum ermessen, er brachte fürchterliche Not über das Land. Sein grandioser Plan vom *Großen Sprung nach vorn* (1958 bis 1961), der die Zwangskollektivierung der Landwirtschaft und die Errichtung von Stahlwerken im ganzen Land beinhaltete, führte zu massiven Ernteausfällen und einer schrecklichen Hungersnot, bei der mindestens 40 Millionen Menschen starben. Mao zog sich infolge dieser Ereignisse zwar aus der Führung des Landes ein wenig zurück, startete aber einige Jahre später die Große Proletarische Kulturrevolution, bei der gegen Abweichler aufgehetzte Jugendliche, die sogenannten Roten Garden, Chinas Kulturschätze ruinierten und Hunderttausende der klügsten Köpfe des Landes inhaftierten, töteten oder ins Exil trieben.

Heute würde Mao sein Land kaum wiedererkennen. Der Kapitalismus blüht und gedeiht. In weiten Teilen des Landes herrscht Wohlstand, wie ihn Mao zwar versprochen, aber nie geschaffen hat. Peking und Schanghai gehören zu den dynamischsten Metropolen der Welt. Rege Bautätigkeit lässt die alten Städte verschwinden und die mehrspurigen Autobahnen, glamourösen Shopping-Malls und imposanten Wolkenkratzer entstehen, die als Symbole des neuen China gelten.

Einerseits scheint die rasante Entwicklung Chinas zu einer vitalen Konsumgesellschaft einem Siegeszug des in der westlichen Welt vertretenen Wertesystems gleichzukommen, andererseits befindet sich das Land fest im Griff der Kommunistischen Partei. In China leben mehr Menschen ohne demokratisch gewählte Regierung als im Rest der Welt zusammengerechnet. Die Ausrichtung der Olympischen Sommerspiele 2008 erschien als Demonstration des neuen Wohlstands und Selbstbewusstseins Chinas. 2009 zeigt das Land jedoch seine dunkle Seite, als im Juli in Ürümqi Auseinandersetzungen zwischen regimefeindlichen Uiguren und regierungstreuen Han-Chinesen nach Eingreifen der Staatspolizei eskalierten. Am Ende waren über 200 Todesopfer zu beklagen.

Natürlich lässt sich unmöglich sagen, ob Mao auf das heutige China stolz wäre. Schon zu Lebzeiten war er schwer durchschaubar, selbst engste Freunde konnten über seine Gedanken nur mutmaßen. Wer dürfte sich da anmaßen, 30 Jahre nach seinem Tod über seine Ansichten zu spekulieren?

Mao glaubte an den Kommunismus. Er verachtete die Bourgeoisie und ihre imperiale Kultur. Seine in der »Mao-Bibel« festgehaltenen Gedanken, die von ihm allen Widrigkeiten zum Trotz durchgeführte Zwangskollektivierung und die Niederschlagung reaktionärer Tendenzen durch die Kulturrevolution lassen vermuten, dass Mao seine ganz eigene Version des Marxismus-Leninismus mit solcher Vehemenz vertrat, dass er mit der kapitalistischen Öffnung des Landes keinesfalls einverstanden gewesen wäre. Auch die Tatsache, dass diese Öffnung unter Deng Xiaoping, seinem ehemaligen Verbündeten und späteren politischen Erzfeind, begann, hätte Mao vermutlich wenig begeistert. Deng Xiaoping konnte seine Reformpolitik auch erst nach dem Tod Maos und der Inhaftierung der als Viererbande bekannten Mao-treuen Gruppe von Führungskräften einleiten. Es deutet also alles darauf hin, dass Mao ein unnachgiebiger Feind von Kapitalismus und Bürgertum war. Emporschießende Städte wie Schanghai hätten ihn sicher abgestoßen – bis heute berufen sich Hardliner in der chinesischen Führung gelegentlich darauf, dass der Große Vorsitzende manche Veränderungen strikt abgelehnt hätte.

Aber vielleicht greifen diese Überlegungen zu kurz. Schließlich fand auch Deng Xiaoping erst spät zu der Ansicht, dass nicht die strikte Aufrechterhaltung ideologischer Grundsätze, sondern die Förderung des Wohlstands der Menschen primäres Ziel sei. Vielleicht wäre Mao irgendwann zu demselben Schluss gekommen? Nach eigenen Worten schloss Mao sich ursprünglich der kommunistischen Bewegung an, weil er die Lebensbedingungen der Menschen verbessern wollte. Nach Ansicht mancher Historiker waren Maos Maßnahmen gegen politische Gegner auch eher strategisch als ideologisch motiviert. Vielleicht wäre Mao also auch stolz auf das heutige China – wenn er das Verdienst für den Aufstieg für sich beanspruchen könnte.

Dabei darf man die Schattenseiten des Landes nicht vergessen: In China ist Armut bis heute weitverbreitet. Familien werden auseinandergerissen, weil Väter und Mütter, Söhne und Töchter auf der Suche nach Arbeit in weit voneinander entfernte Städte ziehen. Die Meinungsfreiheit wird noch immer unterdrückt. In den Städten grassiert die Ausbeutung. Gleichzeitig ist China jedoch nach den USA die zweitgrößte Volkswirtschaft und verzeichnet weltweit das größte Wachstum. Hunderte Millionen Chinesen leben in einem Komfort und Wohlstand, der noch vor wenigen Jahrzehnten unvorstellbar gewesen wäre. Seit dem Einsetzen der Wirtschaftsreformen 1978 sind 400 Millionen Einwohner des Landes der Armut entkommen und die Zahl der Menschen, die auf dem Niveau der absoluten Armut, das heißt am äußersten Rand der Existenz, leben, ist um über 90 Prozent gesunken. Obwohl China nach dem Pro-Kopf-Einkommen immer noch zu den armen Ländern gehört, kann es sich in Kategorien wie Alphabetisierung und Lebenserwartung mit Ländern mit mittlerem Einkommen, etwa denen Osteuropas, messen. Der ehemalige Präsident der Weltbank, Paul Wolfowitz, erklärte bei seinem China-Besuch im Jahr 2005: »Ostasien hat in der kürzesten Zeit den größten Zuwachs an Wohlstand für die größte Menge an Menschen erlebt, den die Welt je gesehen hat.«

An dem von westlichen Ländern häufig kritisierten autoritären Regime des heutigen China hätte sich Mao sicher nicht gestört, schließlich wurden viele Kontrollinstanzen von ihm selbst gegründet. Auch die weitreichende Umweltverschmutzung im Land hätte ihn wohl kaltgelassen. Vielleicht wäre er aber ungemein stolz auf Chinas Wirtschaftswachstum gewesen – unabhängig von dessen Entstehungsbedingungen und den schädlichen Auswirkungen für die Bauern, die immer im Zentrum von Maos Interesse standen. Vielleicht wäre er in Schanghai zur Spitze eines Wolkenkratzers hinaufgefahren, wäre in der Magnetschwebebahn zum Flughafen gesaust oder hätte vom Kontrollzentrum aus zugesehen, wie sich das Weltraumprogramm der Chinesen entwickelt. Danach hätte er vielleicht in für ihn ganz untypischer Weise aus voller Brust den Erfolg seiner Bemühungen um den Wohlstand in China verkündet.

 Warum gibt es keine Weltregierung?

Philosophie, Politikwissenschaften und Volkswirtschaft, Oxford

Im Laufe der Jahrhunderte haben sich Menschen immer wieder gefragt, ob man die global anzutreffenden Probleme nicht durch eine Weltregierung in den Griff bekommen könnte. Die hinter dieser Idee stehende Logik ist einfach: Kriege werden von nationalen Regierungen angezettelt. Ohne nationale Regierungen könne es folglich keine Kriege mehr geben.

So, wie weit ein Menschenauge
spähend in die Zukunft dringt,
Taucht' ich unter in die dunkle,
sah die Wunder, die sie bringt.

… Bis die Fahnen still sich senkten,
bis die Trommel ausgegellt
In dem Parlament der Menschheit,
in dem Bundesrat der Welt!

Bis die Mehrzahl, die verständ'ge,
Wahn und Tyrannei besiegte,
Und bis ein Gesetz die Erde friedlich
in den Armen wiegte!

Alfred Lord Tennyson, *Locksley Hall*
(1837; deutsche Übersetzung von Ferdinand Feiligrath)

Derartige Visionen sind so betörend, dass sowohl Schriftsteller als auch Philosophen und politische Denker sie immer wieder beschwören. Schon im 14. Jahrhundert verhieß Dante in seinem *Gastmahl*: »Sollen aber die Kriege, und alles, was sie herbeiführt, verschwinden, muss notwendigerweise die ganze Erde und aller menschliche Besitz zu einer Monarchie, das heißt zu einer einzigen Herrschaft, zusammengeschlossen sein und *einen* Herrscher haben. Dieser soll, da er alles besitzt und nichts Weiteres mehr wünschen kann, die einzelnen Könige in den Grenzen ihrer Reiche zufriedenstellen, sodass unter ihnen der Friede herrsche«.[4] Thomas Hobbes plädierte in seiner staatstheoretischen Schrift *Leviathan* für die Zusammenarbeit zwischen den Regierungen der Welt. Diese Idee wurde von Abbé de Saint-Pierre aufgegriffen und weiterentwickelt. Er regte an, »zwischen allen christlichen Herrschern ein dauerndes, ewiges Bündnis zum Zweck der Erhaltung eines ununterbrochenen Friedens in Europa« zu errichten. Rousseau hingegen glaubte, dass eine solche Union nur durch eine blutige Revolution entstehen könne und dass die daraus hervorgehende Regierung den Menschen eher schade als nütze. In gewisser Weise gab die Geschichte Rousseau recht, als Napoleons Versuch, Europa unter dem Banner der Französischen Revolution zu einen, nur zu einem Pakt der Nationen gegen den Aggressor führte.

Immanuel Kant beschäftigte sich ausführlich mit dem Thema der Weltregierung. Er erachtete den »Völkerbund« (*civitas gentium*) als Höhepunkt der Menschheitsgeschichte, einen Zusammenschluss aller Staaten der Welt, bei dem die Einzelnationen bestehen und weitgehend souverän blieben. Angesichts der bestehenden Regierungen, die

---

4   Deutsche Übertragung von Constantin Sauter

zum Teil noch nicht einmal die Menschenrechte wahrten, hielt er jedoch die Gründung einer solchen Weltrepublik für ausgeschlossen.

Im 20. Jahrhundert belebte die schreckliche Erfahrung zweier Weltkriege die Diskussion um eine Weltregierung – oder zumindest um globale Gremien – neu. Nach dem Ersten Weltkrieg gründeten die Siegermächte den Völkerbund, nach dem Zweiten Weltkrieg die Vereinten Nationen. Beide Institutionen hätten die Welt in allgemeinem Konsens aller Nationen regieren können, tatsächlich besaßen sie doch sehr wenig Einfluss, da einzelne Länder wie etwa die USA oder die UdSSR viel zu mächtig und selbstbewusst waren, um den Ansichten der UN große Beachtung zu schenken. Selbst kleine Nationen wie Nordkorea, Iran oder Myanmar konnten es sich leisten, Beschlüsse der UN offen zu ignorieren.

Nach den Atombombenabwürfen über Hiroshima und Nagasaki und dem Ende des Zweiten Weltkriegs erlebte die Menschheit die vielleicht stärksten politischen Bemühungen um eine Weltregierung in ihrer Geschichte. Albert Einstein gehörte zu den vielen hochgesinnten Aktivisten, die angesichts der nuklearen Bedrohung eine globale Regierung für die einzige Lösung hielten. Er forderte, eine Weltregierung zu schaffen, die Konflikte zwischen den Nationen durch Gerichtsentscheidungen beilege. Diese supranationale Regierung müsse auf einer Verfassung beruhen, die von den Regierungen und Nationen gebilligt würde, und sie allein dürfe die Verfügungsgewalt über Offensivwaffen besitzen.

Ironischerweise waren Vorstellungen wie diejenigen Einsteins auch deswegen nicht zu verwirklichen, weil sich damals gleich zwei Großmächte, die sich in ihren Machtstrukturen und Ideologien fundamental unterschieden, darum bemühten, die Welt unter ihrem Banner

zu vereinigen. Auf der einen Seite stand die Sowjetunion, die gemäß Lenins Vision vom Export des Kommunismus in die ganze Welt die Gründung eines bolschewisti-
schen Weltstaats anstrebte. Auf der anderen Seite stand die
westliche Welt mit ihrer Führungsmacht USA, die auf eine
weltweite Überwindung der Nationalstaatlichkeit hoffte.
Nach dem Zusammenbruch des Sowjetsystems ist heute von der kommunistischen Vision nicht mehr viel übrig
geblieben. 1992 sprach Francis Fukuyama zuversichtlich
vom »Ende der Geschichte«, da sich die ganze Welt nun
in Richtung Demokratie und freie Marktwirtschaft bewe-
ge – den Grundvoraussetzungen für eine Weltregierung
im Sinne Kants. Die Finanzkrise der jüngsten Zeit und die
weiterhin anhaltenden politischen Turbulenzen in dieser
Welt haben jedoch gezeigt, dass Fukuyamas Optimismus
übertrieben war.

In gewisser Weise hat sich die Welt auf eine koordinierte
Regierungsform, wenn auch nicht auf eine Weltregierung,
zubewegt. So haben sich zum Beispiel 27 Einzelstaaten in
der Europäischen Union zusammengeschlossen, und auf
der ganzen Welt gehen Länder mit ihren Nachbarstaa-
ten wirtschaftliche oder politische Abkommen ein. Immer
mehr Nationen versuchen zumindest ansatzweise, sich bei
globalen Themen wie Handel oder Umweltschutz mit anderen abzustimmen. Die Vereinten Nationen jedoch werden von den meisten Menschen immer noch als ineffektiv
bewertet. Die von Gordon Brown nach der UN-Konferenz
2009 in Kopenhagen initiierte Koordination der Maßnahmen zur Bewältigung der Finanzkrise und der weltweiten Rezession war jedoch ein konkretes Beispiel für durch
staatenübergreifenden Konsens motivierte Handlungen.
Diese lassen Experten zwar nicht von einer Weltregierung,
aber doch von einer »Weltordnungspolitik« (Global Go-
vernance) sprechen, bei der die Welt nicht von einer über-

staatlichen Institution regiert wird, sondern sich internationaler Organisationen wie der Welthandelsorganisation, der G20, dem Weltwährungsfonds usw. bedient, um Aktionen zu koordinieren.

Diese Entwicklung fußt auf der rasant fortschreitenden Globalisierung. Die Staaten der Welt sind mittlerweile wirtschaftlich und kommunikativ so eng miteinander verflochten, dass keine Regierung mehr völlig unabhängig handeln kann. Gleichzeitig ist der finanzielle Einfluss global operierender Konzerne und Banken so groß, dass die Geschicke der Welt ohnehin schon international gesteuert werden. In gewisser Weise könnte man also behaupten, wir hätten *de facto* schon eine Weltregierung, wenn auch nicht *de jure* in Form einer offiziellen Instanz. Es liegt im Interesse jener Großkonzerne, die »Weltordnungspolitik« nicht den Regierungen zu überlassen (vor allem keiner Weltregierung). Ihrer Meinung nach schränkt staatliche Einmischung den Freihandel ein, erstickt den Unternehmergeist und bremst das Wirtschaftswachstum. Die USA und Großbritannien unterliefen den Vorstoß von Angela Merkel und Nicolas Sarkozy zur stärkeren Regulierung des internationalen Bankwesens mit dem Argument, Regulierung würde die Rezession nur befördern. Banker und Hedgefonds-Manager atmeten dabei sicher erleichtert auf.

In den 1940er- und 1950er-Jahren, als Einstein für eine Weltregierung plädierte, spannen George Orwell und Aldous Huxley ihre eigenen Visionen von einer Welt mit einer einzigen Regierung. Sowohl in *1984* als auch in *Schöne neue Welt* gibt es keinerlei Raum mehr für Individualismus, das Leben ist ein trister Albtraum. Angesichts der übermächtigen Sowjetunion schien diese Gefahr nur zu real. Kant definierte als Kernproblem der Weltregierung, dass diese entweder zu stark oder zu schwach sei – wobei er in »zu stark« die größere Bedrohung sah.

Ähnlich wie Orwell und Huxley stehen in der westlichen Welt die meisten Menschen einer Regierung mit zu vielen Kompetenzen kritisch gegenüber. Das zeigt sich auch am Misstrauen vieler Europäer gegenüber der zunehmenden europäischen Integration. In Großbritannien ist die Europaskepsis besonders stark ausgeprägt. Wenn sich nun aber allein schon die freiheitlichen Demokratien Europas gegen eine ganzheitliche Regierung wehren, dann erscheint die Institution einer Weltregierung beinahe unmöglich.

Die meisten Menschen dieser Welt definieren sich über ihre Familie, ihren Herkunftsort und ihre Nation. Sie akzeptieren eine Staatsregierung, der Vertreter der eigenen Nationalität angehören, die die Landessprache sprechen. Sie missbilligen es dagegen, von als »Eindringlingen« empfundenen Repräsentanten fremder Staaten regiert zu werden. Deswegen erklärten Estland, Lettland, Litauen, Georgien und viele andere ehemalige Sowjetstaaten kurz nach dem Zusammenbruch der UdSSR ihre Unabhängigkeit. Aktuell bestehen in Schottland Bestrebungen, sich von Großbritannien zu lösen.

Angesichts dieser Verbundenheit mit der eigenen Nation erscheint ein freiwilliger Zusammenschluss aller Staaten in einer Weltregierung so utopisch zu sein wie zu Dantes Zeiten. In der Historie kam das britische Weltreich, das in seiner Blütezeit ein Viertel des Globus umspannte, in seiner Ausdehnung einer Weltregierung sehr nahe – allerdings war der Zusammenschluss der Nationen erzwungen. Als Großbritannien seinen Status als starke Nation verlor, zerbrach das Reich und Länder wie Australien, Kanada, Neuseeland und Indien wurden eigenständig.

Kürzlich ist allerdings etwas Interessantes passiert: Die Wahl Barack Obamas zum amerikanischen Präsidenten wurde weltweit begrüßt; viele betrachteten Obama als

Helden. 2009 wurde er bei einem Staatsbesuch in Ghana von der Menge so euphorisch gefeiert, als wäre er nicht der amerikanische Präsident, sondern der Regierungsvorsitzende des eigenen Landes. Würde sich Obama für das (hypothetische) Amt des afrikanischen Präsidenten bewerben, gewänne er die Wahl vermutlich. Und wenn er sich ums Amt des Weltpräsidenten bewerben würde? Natürlich sind solche Ereignisse unwahrscheinlich, aber allein die Spekulation darüber zeigt, dass eine Weltregierung nicht völlig undenkbar ist.

Mitte des 19. Jahrhunderts sinnierte General Ulysses S. Grant, der Held des Amerikanischen Bürgerkriegs: »Irgendwann kommt meiner Ansicht nach der Tag, an dem die Nationen dieser Erde sich auf eine Art Parlament einigen, das sich mit internationalen Problemen beschäftigt und dessen Entscheidungen so verbindlich sein werden, wie es für uns die Urteile des Obersten Gerichtshofs sind.« Wir werden sehen.

Ist die Bibel ein fiktionales Werk? Gehört es gar zur Kategorie der seichten Frauenliteratur?

Anglistik, Oxford

Was für eine seltsame Frage! Der Bibel einen möglicherweise fiktionalen Charakter zuzuschreiben, erscheint faszinierend und provokativ, die Assoziation mit der Frauenliteratur hingegen bizarr. Kein anderes Buch scheint dieser Zuordnung deutlicher zu widersprechen als die Bibel.

Der im englischen Sprachraum für die seichte Frauenliteratur geläufige Ausdruck »chick lit« (wörtlich in etwa »Kükenliteratur«) wurde vermutlich in den späten 1980er-Jahren an amerikanischen Universitäten geprägt. Er bezog sich ursprünglich wertneutral auf von Frauen geschriebene Romane wie *Stolz und Vorurteil* oder *Sturmhöhe*. In den 1990er-Jahren wandelte sich die Bedeutung, und »chick lit« bezeichnete von Frauen für trendbewusste junge Frauen geschriebene belletristische Werke. Nun ist die Bibel ganz offenkundig das genaue Gegenteil: Frauen spielen fast ausschließlich untergeordnete Rollen, von einigen Ausnahmen wie Delila, der Geliebten Samsons, und Salome, die den Kopf Johannes des Täufers fordert, einmal abgesehen. Weibliche Lust wird in der Bibel, wie am Beispiel von Lots Töchtern zu sehen ist, als unmoralisch, weiblicher Ehrgeiz als böse verdammt. Die wenigen starken Frauenfiguren der Bibel sind große Dulderinnen, eher mütterlich denn verführerisch. Die Bibel ist eine Sammlung von mindestens 2000 Jahre alten Erzählungen, die von Männern geschrieben wurden, die in äußerst traditionellen Gesellschaften lebten. Wie man es auch dreht oder wendet, die Bibel gehört ebenso wenig zur Kategorie der seichten Frauenliteratur wie ein Telefonbuch. Dafür enthält sie aber genug Darstellungen von Inzest, Gewalt, Brutalität, Mord und Betrug, um selbst dem anspruchsvollsten Krimifan einiges zu bieten.

Ob die Bibel nun fiktional ist, scheint mir die viel interessantere Frage. Schon lange räumt der Großteil des Klerus ein, dass die Bibel nicht hundertprozentig wörtlich zu nehmen sei. Nur eine fundamentalistische Minderheit glaubt beispielsweise, dass Gott die Erde tatsächlich in sieben Tagen schuf, mit allen heute lebenden Geschöpfen in ihrer jetzigen Form. Die meisten Gläubigen betrachten die biblischen Erzählungen heutzutage als Metaphern, nicht als historisch korrekte Schilderungen. Filme wie *Braveheart* oder *Schindlers Liste* sind Werke der Fantasie, beruhen aber auf realen Personen der Geschichte. Filme wie *Titanic* und *Pearl Harbor* wiederum zeigen fiktive Figuren vor einem realen historischen Hintergrund. Und selbst bei *Harry Potter* vermischen sich Fakten und Fiktion, etwa wenn dem real existierenden Londoner Bahnhof King's Cross ein zusätzlicher Bahnsteig 9 ¾ angedichtet wird.

Selbst jene Erzählungen, die sich möglichst exakt an historischen Abläufen orientieren, enthalten fiktionale Elemente. An der einen Stelle muss ein Historiker Lücken mit Spekulationen füllen, an einer anderen Details weglassen. Darüber hinaus ist die Versuchung, Ereignisse der Vergangenheit im Sinne einer stimmigen Erzählung ein wenig zu verändern, oft unwiderstehlich. Außerdem werden historische Geschichten notwendigerweise immer rückblickend erzählt, wenn dem Autor der Ausgang bereits bekannt ist. Dadurch werden Ereignisse automatisch ganz anders gewichtet, als ein Zeitgenosse es getan hätte. So sehr Historiker auch versuchen, diesen Schwierigkeiten zu entkommen, ist es doch nahezu unmöglich, völlig objektiv zu bleiben. Selbst wenn die Bibel also fiktionale oder metaphorische Elemente enthält, macht sie das nicht notwendigerweise zu einem fiktionalen Werk.

Das Neue Testament beschäftigt sich mit Jesus Christus, seinem Wirken und den daraus resultierenden Ereignissen. Es ist hauptsächlich in Form von Evangelien und Briefen geschrieben. Der Begriff »Evangelium« stammt aus dem Griechischen und bedeutet »Frohe Botschaft«. Die Bezeichnung »Apostelbriefe« (»Apostel« kommt aus dem Altgriechischen und bedeutet »Gesandter«) gibt einen Hinweis auf das Selbstverständnis der Verfasser: Sie begreifen sich nicht als Autoren eines fiktionalen Werks, sondern als Reporter oder Kommentatoren, die in der Welt Nachrichten verbreiten. Ihre Berichte besitzen nicht den im heutigen Journalismus üblichen sachlich-nüchternen Stil. Zudem wurden Fakten vermutlich weniger konsequent überprüft – aber natürlich können wir das nicht genau wissen. Es könnte auch sein, dass die Verfasser der Apostelbriefe durchaus um die Richtigkeit ihrer Quellen bemüht waren.

Von den Evangelien heißt es, sie beruhten vornehmlich auf der Niederschrift von Berichten von Augenzeugen oder von Gerüchten und Hörensagen. Doch selbst wenn es sich dabei nur um Gerede oder von einem Tunichtgut erfundene Geschichten handelt, macht das die Bibel noch nicht zu einem fiktionalen Werk – sondern nur zu einer äußerst mangelhaften Reportage. Die Verfasser der Bibel wollten uns von der Wahrheit der geschilderten Ereignisse überzeugen. Jesus wird als der Sohn Gottes dargestellt, der wirklich auf der Welt lebte, nicht als Romanfigur. Die Dialoge der Bibel sind aller Wahrscheinlichkeit nach keine wörtlichen Zitate, sondern als Rekonstruktion dessen, was möglicherweise gesagt wurde, anzusehen. Die Dialoge sind also zum Großteil fiktional – doch auch das macht die Bibel nicht zu einem fiktionalen Werk, eher zu einer Art Doku-Drama, das sich in Details (vielleicht übergroße) Freiheiten herausnimmt, um die zentrale Botschaft besser zu vermitteln.

Historiker haben bisher praktisch keine Quellen gefunden, die den Wahrheitsgehalt der Bibel bestätigen – oder widerlegen. Aktuelle Ausgrabungsfunde legen die Annahme nahe, dass einige der beschriebenen Personen und Orte wirklich existiert und einige der Ereignisse tatsächlich stattgefunden haben könnten. Aber damit werden die biblischen Erzählungen noch nicht wahrheitsgetreuer als *Braveheart* oder gar die Geschichten über König Artus oder Robin Hood. Aus diesem Grund sind manche Bibelforscher eben davon überzeugt, dass die Bibel nicht als wirklichkeitsgetreue historische Dokumentation zu verstehen sei, sondern als literarisches, theologisches Werk, das von geschichtlichen Ereignissen inspiriert wurde. Es ist eine Glaubensfrage, wie viel davon man für die buchstäbliche Wahrheit hält.

Ist der Feminismus tot?

Solange es Frauen gibt, lebt der Feminismus fort, denn es wird immer eine weibliche Sicht der Dinge geben. Doch der Ausdruck »Feminismus« weckt ganz spezielle Assoziationen. Der Begriff wurde in Frankreich geprägt und dort zunächst im positiven Sinne verwendet, um die zunehmende Freiheit der Frauen als gesellschaftlichen Fortschritt zu beschreiben. Im ausgehenden 19. Jahrhundert wurde er in vielen Ländern der westlichen Welt als abwertende Bezeichnung für die Ziele der Frauenrechtsbewegung benutzt. Heute wird damit vor allem die neue Frauenbewegung der 1960er-Jahre assoziiert. 1998 trug ein Titelblatt des Magazins *Time* die Überschrift »Ist der Feminismus tot?«. Dabei ging es aber weniger um die Frage, ob die Frauenbewegung an sich am Ende sei, sondern vielmehr darum, ob der Feminismus, wie er in den 1960er- und 1970er-Jahren praktiziert wurde, noch existiere. Damals hatten Frauen wie Germaine Greer, Gloria Steinem und Sheila Rowbotham den Sexismus angeprangert und den Krieg der Geschlechter ausgerufen. Nicht die Rechte der Frauen standen bei den Protesten im Vordergrund, vielmehr wurde die Einstellung der Männer Frauen gegenüber kritisiert.

Wie seither viele andere Publikationen auch, legte das *Time Magazine* lediglich nahe, dass diese Spielart des Feminismus allmählich ihre letzte Ölung bekommen sollte. So wie in den 1920er-Jahren die Suffragettenbewegung ihren Schwung verlor, nachdem Frauen das Wahlrecht erhalten hatten, so hat auch der Feminismus der 1960er- und

1970er-Jahre seine Ziele weitgehend erreicht und sich damit selbst obsolet gemacht. Zumindest laut Gesetz sind Männer und Frauen seit 1980 auch am Arbeitsplatz gleichberechtigt.

Seit Anfang der 1990er-Jahre betrachten Frauen es in der westlichen Welt als selbstverständlich, dass sie in jedem Beruf arbeiten dürfen und sie auch Spitzenpositionen bekleiden können (auch wenn sich das in der Realität als ziemlich schwierig herausgestellt hat). Sexismus ist mittlerweile ein extrem negativ besetzter Begriff. In vielen Ländern ist Abtreibung erlaubt, und die Mutterschutzgesetze werden immer großzügiger. Jüngeren Frauen ist der verbissene Feminismus der 1970er-Jahre, dessen Vertreterinnen Latzhosen trugen und ihre BHs verbrannten, fremd. Sie wollen »Girl-Power« und ihren Spaß. Das Aushängeschild für diesen Trend waren die Spice Girls: frech, lustig, unverblümt und offen sinnlich – ein Gräuel für die ältere Generation von Feministinnen, die sich gegen die Darstellung von Frauen als Sexobjekte verwehrt hatten.

Ginia Bellafante, die Autorin des *Time*-Artikels von 1998, machte unter anderem das Buch *Die Masken der Sexualität* von Camille Paglia für diesen Umschwung verantwortlich. In dem 1990 erschienenen Buch vertrat Paglia die These, die weibliche Sexualität sei die größte Macht der Menschheit, und forderte Frauen auf, diese zu nutzen. Bellafante beklagte, dass nach Paglias aufsehenerregendem Plädoyer für die weibliche Sexualität der Feminismus ausgestorben sei und Frauen sich stattdessen in romantischen und sexuellen Geständnissen artikulierten. Sobald sich eine Frau auch nur dazu bekannte, dass sie Sex genoss – oder sich über die Qualität ihres Liebeslebens beschwerte –, so Bellafante, wurde sie von anderen Frauen für die Darstellung der weiblichen Perspektive gelobt. Bellafante wertete auch die Popularität von Serien wie

Ally McBeal oder Filmen wie *Bridget Jones – Schokolade zum Frühstück* als negativ, da sie lediglich eine emotionale Nabelschau von Singlefrauen über 30 betrieben und einen Beweis dafür lieferten, dass der Feminismus in eine Sackgasse geraten sei.

Im Jahr 2008 stellte eine Veröffentlichung von Soziologen der Universität Cambridge fest, dass viele Frauen die Begriffe »Feminismus« und »Feministin« inzwischen sogar ablehnten, da sie sie mit »Verbissenheit« assoziierten. Damit erfuhr der Begriff »Feminismus« eine ähnliche Abwertung wie der in den 1970er-Jahren geprägte Ausdruck »politische Korrektheit«. Fast scheint es, als zweifelten inzwischen viele Frauen zentrale Überzeugungen der Frauenbewegung an. Laut der Studie der Universität Cambridge erreichte die Unterstützung für die Gleichberechtigung der Geschlechter in den 1990er-Jahren ihren Höhepunkt und ist seitdem zurückgegangen. In den 1990er-Jahren war die Mehrheit der Frauen der Ansicht, dass Frauen lieber bezahlter Arbeit nachgehen als zu Hause Kinder hüten sollten. Heute denken nur noch 40 Prozent der Befragten so, in den USA noch weniger. Die Professorin für empirische Soziologie Jacqueline Scott, unter deren Federführung die Studie entstand, schrieb: »Im Spannungsfeld zwischen Arbeit und Familienleben scheinen sich Zweifel breitzumachen, ob eine Frau beides tun sollte.«

Einige Monate später präsentierte der Professor Jay Belsky im *British Medical Journal* eine Analyse, nach der Kinder, die mehr als 20 Stunden pro Woche eine Krippe besuchten, doppelt so oft unter mangelndem Selbstbewusstsein litten wie Kinder, die von ihren Müttern betreut wurden. Eine aktuelle Untersuchung der britischen Regierung stellte fest, dass sich Kinder, die über 35 Stunden pro Woche in Einrichtungen betreut werden, mit größerer Wahrscheinlichkeit aggressiv verhalten. Immer mehr Frauen räumen ein, dass ihnen Pornografie gefällt. Einige betrachten sogar Poledancing als gute Möglichkeit, sich fit zu halten und Selbstbewusstsein zu tanken – eine Vorstellung, die frühere Generationen von Feministinnen schlichtweg schockiert hätte. Der Schwerpunkt der Frauenbewegung scheint sich von der Politik ins Privatleben verlagert zu haben. Eine Frau muss nicht gegen die Gesellschaft kämpfen, so die aktuelle Grundhaltung, sondern nur gegen ihre eigene Unsicherheit.

Es gibt auch Frauen (und einige selbstgefällige Männer), die die heutige Zeit als Ära des Post-Feminismus bezeichnen. Im Gegensatz zu den Frauen, die glauben, der Feminismus hätte sich erübrigt, da das Ziel der Gleichberechtigung erreicht sei, definieren sich andere, wie zum Beispiel Naomi Wolf, als Post-Feministinnen, weil sie ihre Zukunft selbst in die Hand nehmen, anstatt auf eine politische oder akademische Bewegung zu hoffen. Die Bezeichnung als reine »Feministin« empfinden sie inzwischen als Stigma. Die unsichtbare Barriere, die viele Frauen am beruflichen Aufstieg hindert, gilt ihnen als Hindernis, das durch Entschlossenheit von einer Frau leicht zu überwinden sei.

Viele Frauen erachten den Feminismus als noch lange nicht tot. Selbst wenn Frauen in den reichen Ländern der westlichen Welt dessen Nutzen bezweifeln, besteht in anderen Teilen der Welt angesichts der benachteiligten Situation von Frauen noch großer Handlungsbedarf. In den 1990er-Jahren forderten einige Aktivistinnen, auf die zweite Welle des Feminismus – den Kampf der 1960er-Jahre – müsse jetzt die dritte Welle folgen.

Ziel dieser dritten Welle dürfe nicht sein, allen Frauen das Mittelklasseideal der Vorzeigemutter als Vorbild zu präsentieren, sondern individuelle Lebenswege zu eröffnen, die den persönlichen Charakteristiken der Frauen entsprechen. In *Manifesta* schrieben Jennifer Baumgardner und Amy Richards: »Wir gehen die Sache anders an als die Feministinnen der zweiten Welle. ›Befreit‹ zu sein bedeutet nicht, vorangegangene Bestrebungen nachzuahmen, sondern einen eigenen Weg zu suchen, einen Weg, den die eigene Generation erfunden hat.« Einige Feministinnen der dritten Welle sind bereit, weibliche Identität in all ihren Erscheinungsformen zu akzeptieren, auch in Gestalt der Prostitution. Ihr Anliegen ist der Protest gegen jede Form von Unterdrückung. Anhängerinnen der zweiten Welle kritisieren an dieser Bewegung oft, dass es ihr an Fokus und Einigkeit fehle. Vertreterinnen der dritten Welle entgegnen diesem Einwand, dass sie den Feminismus lediglich ihrer Generation anpassen, der Generation des Hip-Hop, der Popkultur, des Konsums und des Internets. Kennedy, Vietnam und Woodstock seien für die Frauen von heute schlicht mausetot.

Tatsächlich hat die Frauenbewegung viele Schlachten gewonnen, und die Feministinnen der 1960er-Jahre können zu Recht auf ihre Errungenschaften stolz sein. Weltweit ist der Weg zu echter Gleichberechtigung jedoch noch weit. Frauen, die hohe politische Ämter bekleiden, wie früher Margaret Thatcher in Großbritannien oder heute Angela Merkel, bilden immer noch die Ausnahme. In Parlamenten sind weibliche Abgeordnete bis heute in der Minderheit, bei den Vereinten Nationen sind so gut wie keine Frauen zu finden. Auch das Durchschnittseinkommen von Frauen bleibt weiterhin deutlich hinter dem der Männer zurück. In vielen Ländern sind Mädchen und Frauen mit wesentlich größeren Problemen konfrontiert, dort drohen ihnen Zwangsbeschneidungen, Zwangsehen oder sexuelle Ausbeutung, oft ist ihnen der Zugang zu Ausbildung und Arbeitsstellen völlig verwehrt.

Welcher Anteil des globalen Wassers steckt in einer Kuh?

Veterinärmedizin, Cambridge

Diese Frage können Sie nur dann einigermaßen rasch beantworten, wenn Ihnen ein paar Grunddaten geläufig sind – und selbst dann können Sie nur eine grobe Schätzung abgeben. Nichtsdestotrotz lässt sich durch Überschlagen auf die scheinbar unlösbare Frage eine Antwort finden. Mehr dazu, wie man offenbar nicht zu enträtselnden Problemen mit Schätzungen begegnet, finden Sie unter der Frage »Wie viele Einwohner hat Croydon?«

Wie auch immer Ihre Antwort auf die Frage zum Wassergehalt eines Rindes ausfällt, der Anteil muss natürlich winzig sein. In den letzten Jahrzehnten hat der Bestand an Kühen weltweit dramatisch zugenommen, da die Nachfrage nach Fleisch und Milchprodukten gestiegen ist. Heute leben etwa 1,3 Milliarden Kühe auf der Erde – auf alle fünf Menschen kommt eine Kuh. Folglich liegt der Anteil des Wassers in einer Kuh an dem Wasser, das in allen Kühen enthalten ist, bei unter einem Milliardstel oder 0,0000001 Prozent.

Die meisten Menschen wissen, dass ein menschlicher Körper zu etwa 70 Prozent aus Wasser besteht. Nun spricht einiges dafür, dass der Wasseranteil in anderen Säugetieren in etwa gleich hoch ist. Schätzt man nun das Gewicht einer durchschnittlichen Kuh auf 500 Kilogramm, käme man anhand dieser Relation auf 350 Liter (oder Kilogramm) Wasser. Das war relativ einfach.

Viel schwerer fällt es natürlich, das Wasservolumen der Welt zu schätzen. Flüsse, Seen, Gletscher und Atmosphäre enthalten insgesamt nur 3 Prozent unseres gesamten Wasservorrats, man darf sich also getrost auf das in den Ozeanen enthaltene Wasser konzentrieren. Berechnen wir zunächst die Oberfläche der Erdkugel. Den Erdumfang U kennen die meisten: 40 000 Kilometer. Den Radius der Erde r errechnen wir anhand der Formel: $U = 2r\pi$, nach r aufgelöst. Aber vielleicht wussten Sie ja schon, dass der Radius circa 6400 Kilometer beträgt. Die Formel für die Oberfläche einer Kugel lautet $4r^2\pi$. 6400 ergibt quadriert etwa 41 Millionen, 4π ist etwa 12,5. Damit besitzt die Erde eine Oberfläche von grob 500 Millionen Quadratkilometern. Da die Ozeane, wie wir aus dem Schulunterricht wissen, etwa drei Viertel der Erdoberfläche einnehmen, kommen wir auf eine Meeresoberfläche von 360 Millionen Quadratkilometern. Unter der Annahme, dass die Ozeane im Schnitt 4000 Meter tief sind, lässt sich das Volumen durch die Berechnung 360 Millionen Quadratkilometer mal 4 Kilometer mit 1440 Millionen Kubikkilometern oder 1440 Billionen Liter angeben.

Um den Anteil einer Kuh an der Gesamtwassermenge zu berechnen, teilen wir das in einer Kuh enthaltene Wasser (350 Liter) durch den gerade ermittelten Wert und erhalten $0{,}25 \times 10^{-18}$, das heißt 0,000000000000000025 Prozent!

Diese Übung war zwar rein akademisch, doch es besteht tatsächlich ein wichtiger Zusammenhang zwischen Kühen und Wasser. Für die Produktion von Rindfleisch werden gewaltige Mengen Wasser benötigt: Kühe trinken nicht nur sehr viel Wasser, auch der Anbau ihrer Nahrung erfordert den Einsatz großer Wassermengen. Bei der Schlachtung und bei der Fleischverarbeitung werden wieder große Mengen Wasser gebraucht. Um ein einziges Kilo Rindfleisch auf den Tisch zu bringen, sind 15 000 Liter Wasser erforderlich – das Hundertfache dessen, was für die Gewinnung von einem Kilo Kartoffeln nötig ist! Die Schät-

zungen zum Wasserverbrauch bei der Produktion land-
wirtschaftlicher Güter gehen zwar je nach Studie oft weit
auseinander, in jedem Fall aber wird deutlich, dass die Be-
friedigung unserer Lust auf Steaks und Burger einen großen Verbrauch an Süßwasser mit sich bringt.

Woher wissen Sie, dass es Kalifornien gibt?

Geografie, Oxford

Im alltäglichen Leben zweifeln Sie wohl kaum an der Existenz Kaliforniens, selbst wenn Sie noch nie dort waren und sich persönlich davon überzeugen konnten. Sie verlassen sich bei Ihrer Annahme auf solide Quellen, auf Lexika, Atlanten und Nachrichtensendungen. Natürlich könnten Sie auch einen Nachbarn fragen, auch wenn dessen Angaben vielleicht weniger zuverlässig sind. Es gibt schriftliche Berichte über Kalifornien; der amerikanische Bundesstaat ist auf Satellitenfotos zu erkennen, im Kino laufen Filme, die in Hollywood gedreht wurden, und im Supermarkt steht kalifornischer Wein.

Ihre Quellen bestätigen Ihnen fast hundertprozentig übereinstimmend, dass Kalifornien existiert. Nur die allerwenigsten Quellen werden behaupten, es gäbe den Staat gar nicht. Außerdem könnten Sie jemanden in Kalifornien anrufen, um sich bestätigen zu lassen, dass diese Region vorhanden ist.

Theoretisch könnte hinter dem Postulat der Existenz Kaliforniens ein höchst raffiniertes Täuschungsmanöver stehen – zum Beispiel eine weltweite Verschwörung, die Sie zu einer irrigen Annahme führen soll, oder ein ausgeklügeltes Hologramm, das sowohl Einwohnern als auch Besuchern vollkommen überzeugend erscheint. Oder vielleicht leiden Sie ja auch einfach an Wahnvorstellungen. Angesichts der Vielzahl und Vielseitigkeit der bestehenden Informationsquellen ist die Wahrscheinlichkeit, dass Kalifornien tatsächlich existiert, jedoch so hoch, dass Sie für alle praktischen Zwecke von dem Vorhandensein dieses Bundesstaates ausgehen können – es sei denn, man bewiese Ihnen das Gegenteil.

Philosophen hinterfragten schon immer, ob wir uns unseres Wissens über die Dinge sicher sein können. Es scheint, dass wir logisch betrachtet niemals sagen können, über absolute Gewissheit zu verfügen.[5] Selbst Descartes' berühmte Schlussfolgerung »Ich denke, also bin ich« gilt heute nicht mehr zweifellos als richtig. Insofern könnten wir uns der Existenz Kaliforniens selbst dann nicht sicher sein, wenn wir vor Ort wären. Die meisten von uns sind aber sicher mit Platons weniger absoluten Definition von Wissen zufrieden, die er in seinem Dialog *Theaitetos* formulierte: »Wissen ist wahre, gerechtfertigte Meinung.«

Platon argumentierte, dass zum Wissen drei Elemente gehören: Erstens, dass eine Tatsache wahr ist. Zweitens, dass man glaubt, dass sie wahr ist (»Meinung«). Und drittens, dass man diesen Glauben begründen kann (»gerechtfertigt«). Das bedeutet: Wenn Kalifornien existiert – und das wird in der Ausgangsfrage ja vorausgesetzt –, dann dürfen wir behaupten zu wissen, dass es existiert, wenn wir der Meinung sind, dass es existiert und diese Meinung begründen können. Die Begründung ergibt sich aus dem überwältigenden Gewicht der Beweise für die Existenz Kaliforniens und der Tatsache, dass keine praktikable Methode zur Widerlegung der Existenz Kaliforniens vorstellbar ist.

---

5 Es ist verlockend, eine Parallele zwischen der Kalifornien-Frage und Berkeleys berühmtem philosophischen Rätsel »Wenn im Wald ein Baum umfällt, aber niemand in der Nähe ist, um das Geräusch zu hören, macht er dann ein Geräusch?« zu ziehen. Doch Berkeley argumentierte, dass Dinge nur dann existieren, wenn wir sie wahrnehmen, und natürlich gibt es zahllose Zeugen für die Existenz Kaliforniens. Als Vertreter des Empirismus würde Berkeley diese Beweise als ausreichend akzeptieren. Allerdings würde er ergänzen, dass Kalifornien zu existieren aufhörte, wenn niemand mehr hinsähe.

Die Begründung speist sich im Allgemeinen aus drei Quellen: aus Sinneswahrnehmungen, glaubhaften Zeugenberichten und logischen Schlüssen. Die Behauptung zu wissen, dass Kalifornien existiert, stützt sich fast ausschließlich auf glaubhafte Zeugenberichte. Eine Rechtfertigung durch Sinneswahrnehmung entfällt, solange man sich nicht vor Ort befindet. Und logisch herleiten ließe sich die Existenz Kaliforniens wohl nur sehr schwierig.

Der österreichisch-britische Wissenschaftstheoretiker Karl Popper (1902–1994) argumentierte allerdings, eine stichhaltige Begründung allein genüge nicht – Behauptungen und wissenschaftliche Theorien müssten immer einer kritischen verstandesmäßigen Prüfung unterzogen werden. Laut Popper muss jede Behauptung grundsätzlich falsifizierbar sein, als Wissen darf nur gelten, wofür es theoretisch einen Gegenbeweis geben könnte. Der Glaube an Gott kann daher niemals zum Bereich des Wissens gehören, denn die Nichtexistenz Gottes kann nie bewiesen werden. Wissenschaftliche Thesen hingegen können widerlegt werden – bei ihrer Formulierung berücksichtigen gute Wissenschaftler auch stets die Annahme, sie könnten möglicherweise falsch sein. Während wir Platon zufolge für wahr halten dürfen, was wahrscheinlich wahr ist, gilt nach Poppers Ansicht: Wir dürfen uns vorsichtig an das halten, was mit der geringsten Wahrscheinlichkeit unwahr ist. Nach Platon dürfen wir also an die Existenz Kaliforniens glauben, weil es viele verlässliche Zeugen gibt. Nach Popper können wir nur sagen, bisher hätten wir noch keinen Beweis für die Nichtexistenz Kaliforniens gefunden.

Es ist selbstverständlich immer klug, die eigenen Kenntnisse zu hinterfragen, und Poppers Argumente sind mit Sicherheit überzeugend. Aber im Alltagsleben muss man aus rein pragmatischen Gründen viele Dinge als Fakt hinnehmen – und die Existenz Kaliforniens gehört dazu. Angenommen, Sie wollen nach San Francisco fliegen, bezweifeln aber, ob es Kalifornien wirklich gibt. Wenn Sie sich nun weigern, ins Flugzeug zu steigen, bevor Sie sich der Existenz der Region absolut sicher sind, dann werden Sie Ihr Leben am Flughafen verbringen. Ihre Zweifel sind nach Popper berechtigt, einen Urlaub erleben Sie so aber nicht.

Wann ist ein Mensch tot?

Medizin, Oxford

In der Vergangenheit wurden Menschen für tot erklärt, wenn ihr Herz stillstand, ihr Blut nicht mehr zirkulierte und sie nicht mehr atmeten. Ärzte überprüften also durch Abhorchen der Brust den Herzschlag, gelegentlich machten sie auch den berühmten Spiegeltest, um zu sehen, ob sich Feuchtigkeit aus der Atemluft an der Oberfläche niederschlug. Die in den 1960er-Jahren entwickelten Maßnahmen wie die Herz-Lungen-Reanimation oder die Defibrillation bewiesen jedoch, dass auch Menschen mit Herzstillstand ins Leben zurückgeholt werden können. Die traditionelle Definition verlor also an Gültigkeit. Menschen, deren Herz-Kreislauf-System ausfällt, werden heute als »klinisch tot« bezeichnet.

Wiederbelebungsmaßnahmen müssen aber sehr bald nach einem Kreislaufstillstand beginnen, denn sobald das Blut nicht mehr zirkuliert, werden die Körperzellen nicht mehr mit Sauerstoff versorgt, was zu Schädigungen führt. Je länger die Sauerstoffzufuhr ausbleibt, desto massiver sind die Schädigungen – speziell im Gehirn, das schon nach drei Minuten ohne Sauerstoff gravierend geschädigt ist. Nur wenn der Patient zum Zeitpunkt des Kreislaufstillstands massiv unterkühlt ist, setzt die Hirnschädigung später ein. Den Weltrekord in dieser Hinsicht hält ein Kleinkind, das erst nach 40 Minuten unter Wasser aus einem eiskalten See gerettet wurde – und keinerlei Folgeschäden davontrug. Manche Ärzte glauben sogar, dass Kinder in extremer Kälte bis zu eine Stunde lang klinisch tot sein können, ohne Hirnschäden davonzutragen.

Ist das Gehirn aber erst einmal massiv geschädigt, gibt es keine Hoffnung auf Wiederbelebung mehr. Laut Gesetz gilt deshalb in den meisten Ländern ein Mensch als tot, wenn er hirntot ist. Der Begriff »Hirntod« bezeichnet das irreversible Ende aller Hirnaktivität aufgrund von weiträumig absterbenden Nervenzellen. Der genaue Zeitpunkt, an dem dieser Zustand eintritt, ist jedoch schwer zu ermitteln. Ärzte betrachten den Tod mittlerweile als Prozess, in dem einzelne Körperfunktionen sukzessive ausfallen, und nicht mehr als singuläres Ereignis, sodass es eigentlich keinen Todeszeitpunkt mehr gibt.

Zuweilen ist die Bestimmung des exakten Todeszeitpunkts jedoch wichtig. Ist zum Beispiel der Verstorbene Organspender, müssen die Organe möglichst bald nach dem Eintritt des Todes entnommen werden, weil sonst auch sie durch Sauerstoffmangel geschädigt werden. Deshalb führen Ärzte Untersuchungen durch, um nach Anzeichen für Gehirnaktivität zu suchen. Die Methoden sind zwar unterschiedlich, konzentrieren sich aber auf die Prüfung von Schmerzreaktionen und Reflexen. Beispielsweise wird untersucht, ob die Pupillen auf Lichteinfall reagieren oder ob die Augenlider bei Berührung zucken.

Einem Arzt genügen diese Tests, um festzustellen, ob jemand tot ist. Dennoch muss das Ergebnis von einem zweiten Arzt bestätigt werden. In Großbritannien muss oft zusätzlich die Messung der Hirnstromtätigkeit durch zwei Elektroenzephalografen durchgeführt werden; erst wenn beide Geräte über 24 Stunden keinerlei Hirnaktivität aufgezeichnet haben, wird ein Mensch im juristischen Sinn als tot erklärt.

Schwierigkeiten entstehen dadurch, dass manche Zustände einem Hirntod ähneln, etwa wenn der Patient zu viel Alkohol oder Drogen konsumiert hat oder durch ein Trauma ins Koma gefallen ist. Fälle, in denen bei einem Patienten eine Hirnaktivität nicht mehr feststellbar ist, der Kreislauf aber noch arbeitet (wenn auch vielleicht nur mithilfe von Maschinen), sind Gegenstand vieler Irritationen und Kontroversen. Besonders beunruhigend ist der Zustand des Wachkomas, bei dem größte Teile der Großhirnfunktion ausfallen, der Patient jedoch atmet. Die Augen des Patienten sind geöffnet, reagieren aber auf keinerlei Reize.

Verzweifelte Angehörige kämpfen oft um die Erlaubnis, die lebenserhaltenden Maßnahmen eines Wachkomapatienten, der keine Anzeichen dafür zeigt, jemals das Bewusstsein wiederzuerlangen, aber dennoch im Sinne des Gesetzes nicht für tot erklärt werden kann, einstellen lassen zu dürfen. 1996 wachte der amerikanische Polizist Gary Dockery nach acht Jahren aus dem Wachkoma, das ein Kopfschuss verursacht hatte, auf und war sofort wieder im Besitz seines Sprachvermögens. Seine Gesundung war jedoch nur von kurzer Dauer: Er fiel nach 24 Stunden ins Wachkoma zurück und starb etwa ein Jahr später.

Von solchen Sonderfällen abgesehen, ist häufig sehr klar zu definieren, dass ein Mensch tot ist, insbesondere bei gewaltsamen Toden. Die Medien sprechen in Zusammenhang mit Unfällen oder Verbrechen oft davon, dass die Opfer »sofort« starben. Dabei kommt das extrem selten vor – selbst Geköpfte »leben« nach Ansicht vieler Menschen nach ihrer Enthauptung noch einige Sekunden »weiter«. Nur wenn der Körper augenblicklich vernichtet wird, tritt auch der Tod sofort ein. Ansonsten ist der Tod ein gradueller Prozess, der sehr schnell oder ganz langsam ablaufen kann. Doch wenn Ihre Leiche erst einmal verbrannt oder Ihr bestatteter

Leichnam zersetzt ist, dürfen Sie mit größter Sicherheit davon ausgehen, dass zumindest Ihre leibliche Hülle tot ist.[6]

---

6   Nach Michael Jacksons Tod am 25. Juni 2009 dauerte es nur wenige Tage, bis jemand im Internet behauptete, der Tod sei vorgetäuscht, in Wirklichkeit habe sich Jackson nur dem Blick der Öffentlichkeit entziehen wollen. Jetzt lebe er versteckt (und in Frieden), genau wie Elvis Presley, Tupac Shakur, Jimi Hendrix, Jim Morrison und Amelia Earhart, König Artus, Jesus Christus und viele andere, deren Tod es an Endgültigkeit mangelte. Manche Menschen sind also nie ganz tot, während andere wie Graf Dracula und der durchschnittliche Zombie ganz unverbindlich untot sind.

 # Tschechow ist großartig, oder?

Neuphilologie und Mediävistik, Cambridge

Ja, er war vielleicht der größte Schriftsteller der letzten 100 Jahre. Unter den Dramatikern besitzen nur Ibsen und Shakespeare den gleichen Stellenwert, und einige von Tschechows Kurzgeschichten, insbesondere *Die Dame mit dem Hündchen*, gehören zu den Meisterwerken des Genres. Tschechow zeichnete sich durch seine außergewöhnliche Fähigkeit aus, den Seelenzustand seiner Figuren darzustellen.

Vor Tschechow wurden die meisten Geschichten allein durch Ereignisse vorangetrieben. Dinge passieren, die Figuren reagieren darauf, und am Schluss mündet alles in ein rundes Ende: Liebende werden wiedervereint, Schurken bestraft usw. Doch bei Tschechow passiert kaum je etwas. Ereignisse liegen in der Luft, finden jedoch letztlich nicht statt. In *Onkel Wanja* könnten Jelena und Astrow eine Affäre beginnen, sie lassen es aber sein. Wanja könnte Serebrjakow erschießen, er tut es aber nicht. Auch *Die Dame mit dem Hündchen* endet trist, wohl kaum ein Leser wird glauben, dass für die unglücklich Liebenden Gurow und Anna Sergejewna irgendwann einmal alles gut wird. Tschechows Dramen und Erzählungen besitzen meist ein offenes Ende, nie kommt am Schluss ein echter Höhepunkt. Dennoch fehlt es ihnen nicht an Dramatik. All das Ungesagte, das Unterlassene ist eindringlicher und bewegender als jede ereignis- und temporeiche Geschichte.

Tschechow ist großartig, weil es ihm gelingt, die Zerrissenheit seiner Charaktere durch das auszudrücken, was sie *nicht* sagen und *nicht* tun. Am Ende von *Onkel Wanja* etwa kehren Sonja und Wanja fast schweigend zur Routine des Alltags zurück und setzen ihr Leben fort, als wäre nichts passiert und als würde nie etwas passieren. Die Tragödie ihres Verlusts und die Gewissheit, dass sie ihrem beschränkten Leben niemals entkommen, sind jedoch spürbar. Deswegen finden Tschechows Worte bei uns Resonanz, deshalb bewegen sie uns mehr als turbulente Geschichten: Sie spiegeln unser Gefühl, dass wir alle viel mehr erhoffen und erträumen, als wir je ausdrücken oder realisieren können.

Tschechow war sich der Tatsache bewusst, dass unsere vergeblichen Versuche, unsere sehnlichsten Wünsche zu verwirklichen, absurde und fast komische Züge tragen. Er bezeichnete seine Stücke auch als Komödien, obwohl sie sich allein mit den Themen des Scheiterns und der Sinnlosigkeit zu beschäftigen scheinen. Wie kaum ein anderer Schriftsteller arbeitet Tschechow subtil die humorvollen Facetten der Absurdität einer Figur heraus und deckt gleichzeitig die Charakterschwächen auf, die ihr die Absurdität verleihen.

Indem Tschechow den Erlebnissen seiner Protagonisten keine Dominanz verleiht, gewinnen Nebenfiguren größere Bedeutung. In *Drei Schwestern* beispielsweise rührt uns die Einsamkeit von Kulygin ebenso wie die von Olga, Mascha und Irina. Nebenfiguren dienen Tschechow nicht dazu, die Handlung voranzutreiben, sondern dazu, ein Szenario inneren Erlebens zu entwerfen, in dem alle durch ähnliche Träume miteinander verbunden und durch mangelnde Kommunikation voneinander getrennt sind.

Tschechows Ansatz, auf der Bühne eine Geschichte nicht durch die Abfolge von Ereignissen, sondern über das Innenleben der Charaktere zu erzählen, war so revolutionär, dass das Publikum zunächst damit überfordert war.

Nur wenige Jahrzehnte zuvor hatte schon Ibsen die Theaterwelt auf den Kopf gestellt, da sich seine Stücke nicht mehr mit den Konflikten heroischer Figuren beschäftigten, sondern im Sinne des Naturalismus Auseinandersetzungen zwischen gewöhnlichen Menschen in alltäglichen Lebenssituationen präsentierten. Bei Ibsen wird die Handlung aber noch immer durch die Aktionen oder Äußerungen der Charaktere vorangetrieben.

Tschechows Konzentration auf das Innenleben der Figuren erforderte eine völlig neue Form der Schauspielkunst. Die Premiere von *Die Möwe* am 17. Oktober 1896 in Sankt Petersburg missglückte völlig: Da die Inszenierung der herkömmlichen Darbietungsweise folgte, erschien das Stück langweilig und sinnlos – als Ansammlung absurder Figuren ohne erkennbaren Handlungszusammenhang. Das Publikum buhte, und Tschechow schwor sich, nie wieder für das Theater zu schreiben. Glücklicherweise erkannte der Intendant Wladimir Nemirowitsch-Dantschenko Tschechows Potenzial und überredete den Regisseur Konstantin Stanislawski dazu, das Stück für das Moskauer Kunsttheater zu inszenieren.

Stanislawski entwickelte mit den Schauspielern eine völlig neue Art der Präsentation, um den Subtext, das unausgesprochene Innenleben der Charaktere, lebendig werden zu lassen. Er wies die Akteure an, sich weniger darauf zu konzentrieren, was ihre Figuren sagten, sondern vielmehr darauf, was sie damit ausdrücken wollten, ihre »Intention«. Für Stanislawski musste das Geschehen auf der Bühne gleichzeitig äußerst realistisch und psychologisch nachvollziehbar sein – was nur durch größte Detailgenauigkeit erreicht werden konnte. Tschechow befand einmal, ein Schauspieler habe die Rolle des Trigorin (des Schriftstellers in *Die Möwe*) erst verstanden, wenn er begriffen habe, warum Trigorin karierte Hosen trägt.

Nach der Inszenierung von Stanislawski im Jahr 1898 breitete *Die Möwe* ihre Schwingen aus und startete den Siegeszug. Später schrieb Tschechow noch drei weitere großartige Stücke – *Onkel Wanja, Der Kirschgarten* und *Drei Schwestern* – und sicherte sich so einen herausragenden Platz in der Literaturgeschichte. Stanislawskis Methodik war bis in das nächste Jahrhundert hinein für die Schauspielkunst prägend. Sie beeinflusste vor allem das amerikanische Method Acting, das auf psychologischen Realismus im Film abzielt. Der intensive, zurückgenommene Schauspielstil, der uns heute in Filmen so vertraut ist, geht also letztlich auf Tschechows Dramen zurück. Ohne ihn würde noch immer der deklamierende Stil eines Lawrence Olivier oder John Gielgud vorherrschen.

Tschechows Werke besitzen eine trügerische Simplizität: Die Protagonisten sprechen in einer so einfachen Sprache über Banalitäten und die Ereignisse sind oft so trivial, dass man meinen könnte, es wäre leicht, solche Stücke zu schreiben. Vladimir Nabokov schrieb von Tschechows »Potpourri aus grässlich prosaischer Sprache, schlichten Attributen und endlosen Wiederholungen«. Tschechow setzte diese Stilmittel jedoch gezielt ein, um das Gefangensein seiner Charaktere zu illustrieren. Die große Poesie in Tschechows Werk liegt im Ungesagten, im Geflecht der Emotionen, die von Banalitäten überdeckt werden. Das Rezept für Tschechows Stücke mag vielleicht einfach klingen, und doch ist es bis jetzt keinem gelungen, Gleiches zu erreichen. Tschechows vier Dramen und seine wenigen Kurzgeschichten bilden bis heute unerreichte Höhepunkte des psychologisch-realistischen, tiefgründigen Erzählens.

 # Wie viele Einwohner hat Croydon?

Geografie, Cambridge

Auf den ersten Blick erscheint die Frage sinnlos und uninteressant – eine Antwort wüssten vielleicht Statistiker oder die Einwohner von Croydon. Deutschen Lesern ist dieser Londoner Stadtteil vielleicht noch nicht einmal bekannt. Deswegen wollen wir hier einem deutschen Äquivalent nachgehen: »Wie viele Einwohner hat Steglitz-Zehlendorf?«

Keine Ahnung? Verzweifeln Sie nicht, die Frage lässt sich mit ein wenig Nachdenken lösen. Steglitz-Zehlendorf ist ein Berliner Bezirk. Nun, wie viele Menschen leben in der Stadt Berlin? Was schätzen Sie? 3,5 Millionen? Und wie viele Bezirke gibt es in Berlin? »Mitte« kennt man aus der Zeitung, vielleicht fällt einem auch ansonsten noch der eine oder andere ein – Friedrichshain-Kreuzberg, Pankow, Charlottenburg-Wilmersdorf usw. Aber wie viele gibt es insgesamt? Fünf? Nein, das scheint deutlich zu wenig. 20? Wenn man eine ungefähre Vorstellung von der Größe der Bezirke hat, ahnt man sofort, dass 20 reichlich hoch gegriffen ist. Also irgendetwas dazwischen. Sagen wir zehn. Nehmen wir außerdem der Einfachheit halber an, dass alle Stadtbezirke etwa gleich groß sind. Dann kommen wir auf einen Schätzwert von 3,5 Millionen geteilt durch 10 gleich 350 000. Bravo! Unsere grobe Schätzung kommt dem tatsächlichen Wert von 300 000 recht nahe. (Wer weiß, dass Berlin zwölf Bezirke hat, kommt mit dieser Blitzschätzung sogar fast auf den exakten Wert!)

Nun gehört beim Über-den-Daumen-Peilen immer ein wenig Glück dazu, damit sich Schätzfehler, etwa bei der

Gesamteinwohnerzahl und bei der Zahl der Bezirke, nicht kumulieren, sondern ausgleichen. Der zentrale Punkt ist aber, dass man ohne rechte Ahnung und ohne Zugang zu genauen Zahlen mit ein wenig Nachdenken oft zu einem zuverlässigen Wert gelangt.

Diese Fähigkeit ist nicht nur im Alltagsleben nützlich, sondern auch in der Wissenschaft – und genau das macht die so trivial erscheinende Ausgangsfrage faszinierend. Was Sie vielleicht als Über-den-Daumen-Peilen oder Überschlagen bezeichnen würden, ist in der Physik als »Fermi-Problem« bekannt. Es ist nach dem Atomphysiker Enrico Fermi benannt, der für sein Interesse an solchen Fragestellungen berühmt war. Er liebte es, Rätsel à la »Wie viele Klavierstimmer gibt es in Chicago?« zu stellen oder zu lösen.

Bei einem der ersten Atombombentests 1945 in der Wüste Neumexikos überschlug Fermi die Kraft der Bombe, indem er einige Papierschnipsel fallen ließ, während sich die Detonationswelle ausbreitete. Die Schnipsel wurden etwa 2,5 Meter weit abgetrieben, woraus Fermi auf eine Sprengkraft von 10 Megatonnen schloss. Damit unterschätzte Fermi die tatsächliche Kraft der Bombe zwar, die bei 18 Megatonnen TNT lag, war aber anhand der simplen Schätzung dem realen Wert sehr nahegekommen. Genau das macht Daumenschätzungen so wertvoll.

Wenn man eine ungefähre Lösung überschlägt, bevor man sich an die komplizierte, exakte Berechnung einer Größe macht, reduziert man das Risiko, etwa durch einen Komma- oder Rechenfehler, zu einem deutlich falschen Ergebnis zu gelangen. Auch bei Problemstellungen, die immens hohe Zahlen involvieren und bei denen echte Daten praktisch nicht verfügbar sind, liefern Schätzungen oft sinnvolle Richtwerte. Sie sind zum Beispiel Basis der Drake-Gleichung, die von dem Astrophysiker Frank Drake

1961 auf einer Konferenz in Green Bank vorgestellt wurde. Sie dient zur Abschätzung der Anzahl intelligenter Zivilisationen in unserer Galaxie. Die Tatsache, dass wir diesen Zivilisationen bis heute nicht begegnet sind, wird als Fermi-Paradoxon bezeichnet – das oft mit der ein wenig nihilistischen Begründung aufgelöst wird, dass sie innerhalb der kosmischen Skala zeitlich zu weit von uns entfernt liegen, das heißt bereits ausgestorben sind.

Außerhalb des akademischen Bereichs können Schätzmethoden sehr nützlich sein, um ohne großen Rechercheaufwand Denkfehler in der Politik aufzuspüren. In ihrem Buch *Guesstimation* stellen die Autoren Lawrence Weinstein und John Adam zum Beispiel eine Methode vor, um zu überschlagen, wie viel Ackerland nötig wäre, um alle Autos dieser Welt mit Biokraftstoff aus Mais anstatt mit Benzin anzutreiben. Ihr Ergebnis zeigt auf den ersten Blick, dass ein solches Vorhaben utopisch ist. Viele Unternehmensberatungen und Geldanlagefirmen stellen heute in Bewerbungsgesprächen Schätzfragen wie: »Wie groß ist der chinesische Markt für Toilettenpapier?«, um die Fähigkeit des Bewerbers zu überprüfen, eigenständige Gedankengänge zu entwickeln. Die Lösung der scheinbar sinnlos erscheinenden Ausgangsfrage kann also eine gute Methode sein, sich eine in vielen Bereichen nützliche Problemlösungsstrategie anzueignen.

Warum sind große Raubtiere so selten?

Biologie, Oxford

Diese trügerisch einfache Frage führt mitten in das höchst komplexe, von gegenseitigen Abhängigkeiten geprägte Beziehungsgeflecht aller lebenden Organismen auf diesem Planeten hinein. Raubtiere wie Löwen, Tiger und Eisbären sind deshalb so groß, weil sie viel Kraft aufwenden müssen, um ihre teilweise selbst recht großen Beutetiere zu erlegen und damit das eigene Überleben zu sichern. Eisbären jagen kleinere Tiere wie Robben, Löwen ernähren sich von Grasfressern wie Zebras und Antilopen.

Große Raubtiere brauchen große Mengen Fleisch und eine entsprechend große Population an Beutetieren. Deswegen muss notwendigerweise die Anzahl der Jäger kleiner sein als die der Beutetiere. Tatsächlich sorgt die Natur für ein ziemlich konstantes Verhältnis von Raub- zu Beutetieren. Wächst der Bestand an Beutetieren, steht für die Jäger mehr Nahrung zur Verfügung und ihre Zahl wächst ebenfalls, was wiederum den Bestand der Beutetiere verringert. Dadurch sinkt das Nahrungsangebot für die Raubtiere und ihr Bestand nimmt ab, bis das Gleichgewicht wiederhergestellt ist.

Selbstverständlich muss auch die Beute der großen Raubtiere sich ernähren, und so befinden sich die großen Raubtiere oft am Ende einer langen Nahrungskette oder vielmehr -pyramide, denn die Zahlen werden immer größer, je weiter man nach unten geht. Für jeden Eisbären muss es, sagen wir mal, zehn Robben geben. Und jede Robbe benötigt als Nahrung 40 Heringe. Von den Heringen braucht jeder wiederum 800 Ruderfußkrebse zum Überleben, die wiederum jeweils 24 000 Portionen Phytoplankton verspeisen. Das bedeutet: Um einen einzigen Eisbären zu ernähren, braucht man eine gewaltige Pyramide von Organismen, die auf 8 Milliarden Phytoplankton-Organismen ruht. Es ist also wenig überraschend, dass es relativ wenige große Raubtiere gibt.

Tatsächlich ist die Anzahl der Raubtiere aber noch geringer, als es dieses einfache numerische Verhältnis andeutet. Biologen bezeichnen die Stufen der Pyramide als Trophieniveaus (von griechisch *trophe*, Ernährung). Nahrungsaufnahme ist gleichbedeutend mit Energieaustausch, und aus den Grundgesetzen der Thermodynamik folgt, dass bei jeder Energieumwandlung auch Energie in Form von Wärme verloren geht. Von einem Trophieniveau bis zum nächsthöheren ist also stets ein Energieverlust zu verzeichnen.

Die ursprüngliche Energiezufuhr geschieht normalerweise über Sonnenlicht, das autotrophe Organismen (»Selbst-Ernährer«) unter Einsatz chemischer Stoffe aus der Umgebung in Nahrung umwandeln. Alle anderen Organismen sind heterotroph, greifen also auf diese ursprüngliche Energiequelle zu, indem sie sich entweder von den autotrophen Organismen ernähren oder von anderen Lebewesen, denen wiederum autotrophe Organismen als Nahrungsquelle dienen.[7] Da große Raubtiere in der Nahrungskette weit von der autotrophen Basis der Pyramide entfernt sind, ist ihr Trophieniveau durch einen hohen Energieverlust gekennzeichnet. Entsprechend gering ist ihre Anzahl.

Aufgrund ihrer Stellung an der Spitze der Nahrungspyramide sind große Raubtiere auch besonders anfällig für Umweltkatastrophen. Wann immer ein Lebensraum ge-

---

7 Das gilt auch für Bakterien und Pilze, die sich von totem organischen Material ernähren, indem sie es zersetzen.

stört wird, hat das Auswirkungen auf allen Ebenen der Pyramide, und üblicherweise leiden die Tiere an der Spitze als Erste. Wegen der vor allem im letzten Jahrhundert immer massiver gewordenen Eingriffe des Menschen in die Natur sind die von Haus aus in geringer Anzahl vorhandenen großen Raubtiere extrem selten geworden, da ihre Lebensräume und damit auch ihre Nahrungsvorkommen schrumpfen. Die Großwildjagd dezimiert den Bestand zusätzlich. Die Säbelzahntiger in Nordamerika sind wohl vor 10 000 Jahren durch die menschliche Jagd ausgestorben. Heute sind durch die Kombination von Umweltzerstörung und Jagd viele Arten der seltenen großen Raubtiere vom Aussterben bedroht.

Gibt es zu viele Menschen auf der Welt?

Humanwissenschaft, Oxford

Bei dieser heiklen Frage gehen die Meinungen stark auseinander. Heute leben auf der Erde zweifellos mehr Menschen als jemals zuvor. Wir sind schon über 7 Milliarden, und jede Sekunde kommen drei oder vier weitere Menschen hinzu. Angesichts der riesigen und rapide wachsenden Zahl ist es verständlich, dass einige Untergangspropheten ein unheilvolles Ende verkünden, da die Weltbevölkerung für die endlichen Ressourcen der Erde vielleicht bald zu groß wird.

Die Vorstellung von einer »Überbevölkerung« auf der Erde geht auf Thomas Robert Malthus zurück, der Ende des 18. Jahrhunderts davor warnte, dass die Anzahl der Menschen so weit anwachsen könne, dass sie die Tragfähigkeit ihres Lebensraums übersteige. Der Begriff »Malthusianische Katastrophe« entstand, der die Verelendung der menschlichen Bevölkerung beschrieb, die unweigerlich auf eine nicht mehr ausreichende Nahrungsproduktion folgen würde. Als Malthus seine Thesen niederschrieb, lag die Weltbevölkerung bei unter 1 Milliarde, doch im Zuge der industriellen Revolution wuchs die Zahl der Menschen bis 1960 auf über drei Milliarden an – ohne dass sich die Malthusianische Katastrophe ereignet hätte.

Allerdings begannen damals einige Ökonomen, Alarm zu schlagen. Paul Ehrlich schrieb 1968 den Bestseller *Die Bevölkerungsbombe*, in dem er eine unmittelbar bevorstehende Katastrophe vorhersagte. Anfang der 1970er-Jahre veröffentlichte die Organisation Club of Rome den Bericht *Grenzen des Wachstums*, der zahlreiche Statistiken mit ähnlich düsteren Prognosen enthält. Doch die letzten Jahrzehnte haben gezeigt, dass dieser Pessimismus nicht gerechtfertigt war. Die Anzahl der Menschen auf der Erde ist heute doppelt so groß wie zu der Zeit, als Ehrlich seine Prognose ausarbeitete – viel, viel größer, als Ehrlich je für möglich gehalten hätte.

Ein Grund für das Ausbleiben der Katastrophe ist die durch die Agrarrevolution drastisch gestiegene Lebensmittelproduktion. Heute leiden zwar mehr als 1 Milliarde Menschen Hunger, aber das liegt nur an der unzureichenden Verteilung der Nahrungsmittel, nicht an der verfügbaren Menge. Trotzdem sagt uns unser gesunder Menschenverstand, dass die finsteren Prophezeiungen nicht vollkommen von der Hand zu weisen sind. Irgendwann muss die Kapazität der Erde doch erschöpft sein, oder?

Heute diskutieren Wissenschaftler und Ökonomen, wie viele Menschen die Erde wohl maximal tragen könne, wobei die meisten Schätzungen zwischen 10 und 20 Milliarden liegen. Den jüngsten Berechnungen des United States Census Bureau zufolge wird diese Zahl schon in 40 Jahren erreicht werden. Wenn die Erde also heute noch nicht überbevölkert ist, wird sie es bald sein. Einige Wissenschaftler verneinen jedoch die Möglichkeit einer begrenzten Tragfähigkeit des Lebensraums und vertrauen dem menschlichen Erfindungsgeist, um dem ständig wachsenden Nahrungsmittelbedarf stets aufs Neue nachzukommen. Die Tatsache, dass eine Katastrophe bisher ausgeblieben ist, zeigt, dass dieses Argument nicht völlig falsch ist.

Allerdings sieht sich die Welt heute schon mit einer Vielzahl an ernsthaften, möglicherweise katastrophalen Bedrohungen konfrontiert, die direkt mit der übermäßigen Nutzung vorhandener Ressourcen in Zusammenhang stehen. So ist die globale Erwärmung eindeutig Folge menschlicher Aktivität auf der Erde, und in vielen Ländern herrscht akuter Wassermangel. Darüber hinaus sterben viele Tier- und Pflanzenarten aus, da sie vom Menschen aus ihren natürlichen Lebensräumen verdrängt werden. Diese Probleme sind unbestreitbar real, bedrohlich und aktuell. Ist daraus zu schließen, dass heute schon zu viele Menschen auf der Erde leben?

Nicht notwendigerweise, denn diese Probleme liegen nicht allein in dem Verhältnis zwischen Anzahl der Menschen und verfügbaren Ressourcen begründet, sondern auch in der Art und Weise, wie diese Ressourcen genutzt werden. Die globale Erwärmung beispielsweise wurde durch den gestiegenen Energieverbauch befördert, der vor allem im letzten Jahrhundert mit dem Anwachsen der Bevölkerung einhergegangen ist. Dennoch ist aber die Art der Nutzung von Energie das Problem, nicht die Zahl der Menschen. Tatsächlich ist nur ein geringer Anteil der Weltbevölkerung – in den Industrieländern – für den immens hohen Energieverbrauch verantwortlich, der die Erderwärmung auslöst. Der Großteil der Menschen trägt nicht dazu bei. Ein dramatisches Absinken der Bevölkerungszahlen würde das Klimaproblem also nicht unbedingt lösen; wichtig wäre, dass die verbleibenden Menschen ihr Verbrauchsmuster ändern. Analog muss ein Ansteigen der Weltbevölkerung nicht zwingend die globale Erwärmung beschleunigen.

Natürlich empfänden wir alle eine ruhige Welt ohne Belastungen, mit Platz und Ressourcen für jedermann als eine Art Nirwana. Oft träumen sich Menschen nostalgisch in eine Zeit zurück, als in Deutschland gerade einmal ein paar Millionen Menschen lebten. Wäre es nicht wunderbar, die Bequemlichkeiten der Moderne in ausgedehnten Landschaften zu nutzen? Es müssten keine Grüngürtel mehr angelegt werden, um die Ausdehnung der Städte einzugrenzen, jeder von uns könnte in einem großen Haus mit einem noch größeren Garten leben. Und doch sind die großen Errungenschaften menschlichen Fortschritts – Wissenschaft, Technik, Demokratie, Kunst, Lebensstandard und vieles mehr – durch das Anwachsen der menschlichen Bevölkerung entstanden. Sie sind Früchte der Zivilisation – der sich ausdehnenden Städte, des dynamischen urbanen Milieus, der quirligen, geschäftigen, wachsenden Masse an Menschen, die immer enger zusammenrücken müssen.

Die Vorstellung, mehr Platz für sich selbst zu haben, ist verlockend. Auch die von einer spärlicher besiedelten Welt, in der die Ressourcen vorsichtiger genutzt werden. Aber wer ist nun »überzählig«? Das lässt sich natürlich nie entscheiden. Denn wer würde schon von sich selbst sagen, er sei einer von Tausenden, Millionen, Milliarden überzähligen Menschen? Fast alle würden wir uns zu Recht als unendlich kostbar bezeichnen; keiner von uns, wie benachteiligt oder glücklos er auch sein mag, ist »überzählig«. Wichtig ist allein, wie wir mit unserer Umwelt und unseren Mitmenschen umgehen.

Wie viele Tiere nahm Moses auf seine Arche?

Naturwissenschaften, Cambridge

Das ist natürlich eine Fangfrage, oder der Fragende hat sich geirrt.[8] Denn nach der Bibel baute nicht Moses die Arche, sondern Noah. Da Moses keine Arche hatte, lautet die korrekte Antwort: Null. Aber das war vermutlich nicht gemeint. Also erwähnt man, dass der Prüfer wohl »Noah« gemeint habe, und widmet sich dann dieser Frage.

Nun hängt die Antwort davon ab, wie wörtlich man die Bibel nimmt – womit wir bei der Kernfrage des Streits zwischen Kreationismus und Wissenschaft angekommen sind. Als Kreationismus bezeichnet man die Auffassung, dass alle Tierarten in den für sie typischen Erscheinungsbildern von Gott geschaffen wurden. Die Wissenschaft hingegen geht davon aus, dass sich die Arten über Milliarden Jahre hinweg aus einfachsten Lebensformen entwickelt haben. Aber bleiben wir zunächst einmal bei der biblischen Erzählung.

Noah, das lernen schon Kinder im Bibelunterricht, wurde von Gott angewiesen, eine Arche zu bauen und von jeder Tierart ein Paar mitzunehmen, um sie vor der kommenden Sintflut zu retten. Ein bekanntes englisches Kinderlied enthält die Zeile: *The animals went in two by two, Hurrah! Hurrah!* Verwirrenderweise heißt es allerdings in der letzten Strophe, dass jeweils sieben Tiere einer Art in

---

8   Zur Beantwortung der Frage bedarf es keiner Bibelfestigkeit, geschweige denn des Glaubens an ihre Inhalte. Das allgemein kulturelle Wissen über die biblischen Erzählungen ist ausreichend.

die Arche wanderten. Dies entspricht aber der Anweisung, die Noah laut dem Buch Genesis von Gott erhalten hatte: Er sollte von allen »unreinen« Tieren ein Paar mitnehmen, aber von allen reinen Tieren sieben. Einigen Bibelforschern zufolge waren damit »sieben Paar« gemeint, andere glauben hingegen, es würden damit »sieben Tiere« bezeichnet.

Die tatsächliche Auseinandersetzung entbrennt aber über der Anzahl an Tierarten. Der Kreationismus geht in seiner wörtlichen Bibelinterpretation davon aus, dass Noah von jeder Art ein Paar aufnahm. Er begegnet der Ansicht von Skeptikern, dass es unmöglich sei, auch nur die Vertreter einer einzigen der auf der Erde vorhandenen Millionen Arten auf irgendeinem Schiff unterzubringen, mit dem Argument, dass unter »Tierart« eine »Tierfamilie«, nicht die Gattung zu verstehen sei – und dass die Evolution nach der Sintflut eingesetzt habe, sodass zum Beispiel jeder heutige Hund, vom Kojoten bis zum Spaniel, von dem ursprünglichen Hundepaar abstamme, das von der Arche gekommen sei. Gemäß dieser Interpretation hätten sich nur ein paar Tausend Tiere auf der Arche befinden müssen, um daraus all die heute bekannten Arten entstehen zu lassen. Manche Gläubige gehen sogar davon aus, dass Dinosaurier und andere inzwischen ausgestorbene Tierarten auf der Arche mitgefahren seien.

Evolutionswissenschaftler können dieser Argumentation nichts abgewinnen. Sie halten die Arche und die Vorstellung, dass alle Arten vollständig entwickelt erschaffen worden seien, schlicht für einen Mythos. Eine Antwort auf die Ausgangsfrage erübrigt sich dann. Schiffbauingenieure könnten jedoch hypothetische Überlegungen dazu anstellen, wie groß eine Arche sein müsste, um alle heute existierenden Arten darin unterzubringen.

Erstaunlicherweise ist jedoch trotz all der modernen Forschungsmethoden und - technologien und des großen

Zeitaufwands, der in die Lösung der Frage bereits investiert wurde, nicht bekannt, wie viele Arten es inzwischen auf der Erde gibt, geschweige denn im Laufe der Evolution gegeben hat. Wissenschaftliche Schätzungen setzen mindestens 3 Millionen Arten an – tatsächlich mögen es aber auch 30 oder sogar 100 Millionen sein. Wir können davon ausgehen, fast alle Wirbeltierarten zu kennen, von denen es etwa 50 000 gibt. 97 Prozent aller Arten gehören zu den Wirbellosen, und davon sind vermutlich nicht einmal 10 Prozent bekannt. Viele Millionen Kreaturen wurden noch nicht ausfindig gemacht: Sie sind zu klein und zu schnell flüchtig, um leicht entdeckt zu werden, oder leben an unzugänglichen Orten. Nur die Natur würde sich daran erinnern, dass auch diese Arten in die Arche aufgenommen werden müssten.

Wie viele Sandkörner gibt es auf der Welt?

Physik, Oxford

Diese altehrwürdige Frage stellten sich schon die alten Griechen. Im antiken Griechenland gab es ein Sprichwort, das besagte, es gebe so viele Sandkörner, dass Zahlen dafür nicht ausreichten. Die Zahl der Sandkörner beschrieb in der Welt der Antike so etwas wie Unendlichkeit. Doch schon im dritten Jahrhundert vor Christus wehrte sich der große griechische Gelehrte Archimedes gegen die Vorstellung, dass die Zahl der Sandkörner unendlich und grundsätzlich nicht zu ermitteln sei. In seiner berühmten Schrift *Sandrechner* führte Archimedes aus, dass die Sandkörner im Universum natürlich unzählbar sind, sich ihre Zahl aber durchaus berechnen lässt.

Unsere moderne Zahlenschreibweise indisch-arabischer Herkunft erlaubt uns, auch sehr, sehr große Werte bequem darzustellen; für eine Verzehnfachung hängen wir einfach hinten eine Null dran. Werden uns die Zahlen selbst in dieser Schreibweise zu lang, können wir sie noch kürzer in Zehnerpotenzen ausdrücken. Damit sind wir aber dem Zahlensystem der griechischen Antike weit voraus. Damals entsprach jede Zahl schlicht einem Buchstaben des Alphabets – wodurch nur 27 Zahlen zur Verfügung standen. Davon ließ sich Archimedes jedoch nicht abschrecken und erfand in seinem *Sandrechner (Archimedes Psammites)* sein eigenes Zählsystem, indem er die größte griechische Zahl, die Myriade (10 000) wiederholt mit sich selbst multiplizierte und so erst eine Myriade Myriaden bekam (100 Millionen), dann eine Myriade Myriaden Myriaden

(1 Billion) und eine Myriade Myriaden Myriaden Myriaden (10 Billiarden). Dann überschlug er, wie viele Sandkörner erforderlich wären, um das ganze Universum zu füllen (unter der Annahme eines sphärischen Universums mit dem Radius der damals angenommenen Entfernung von der Erde zur Sonne). Er kam auf 10^{63} Körner.

In jüngerer Zeit haben die Geologen Horn und Adam einen ernsthaften Versuch unternommen, die Zahl der Sandkörner auf der Welt zu schätzen. Dafür überschlugen sie das weltweite Volumen von Sedimentgestein, Wüsten und Stränden. Sie kamen auf einen Wert von 147 Millionen Kubikkilometern Sand. Durch Schätzung der durchschnittlichen Größe der Körner und ihrer Verdichtung gelangten sie zu dem Ergebnis, dass es etwa 875 Billionen Billionen Sandkörner auf der Welt geben müsse. Etwas länger zurück liegt die Schätzung von Mathematikern der Universität von Hawaii, die das Gesamtvolumen der weltweiten Sandstrände überschlugen und dann verkündeten, die Sandstrände dieser Welt bestünden aus 700 Milliarden Milliarden Sandkörnern.

Nach wie vor ist es unmöglich, alle Sandkörner auf dieser Welt exakt zu zählen, moderne Forschungsmethoden, von Satellitenaufnahmen bis zu seismischen Messungen, ermöglichen aber eine ständige Verfeinerung der Schätzungen. Mittlerweile sind wir uns ziemlich sicher, zumindest von der Größenordnung her richtig zu liegen. Je genauer die Schätzungen aber werden, desto unnötiger werden sie auch. Archimedes wollte damals mit seiner Berechnung nur verdeutlichen, dass die Zahl der Sandkörner, selbst wenn sie errechenbar ist, nichts anderes ist als eine poetische Metapher für die Unendlichkeit. Inzwischen wurden wir durch die Erweiterung unseres Wissens über das Universum in seinen größten wie in seinen winzigsten Dimensionen mit einer ganzen Reihe von unvorstellbar großen Zahlen konfrontiert, von der Anzahl Sterne im Universum (10 Billionen Billionen) bis zur Anzahl der Atome im menschlichen Körper (7000 Billionen Billionen). Die Vorstellung von der Unendlichkeit bleibt jedoch so wenig greifbar wie je zuvor. Bis heute fasziniert sie Mathematiker, die sich mit dem Paradoxon des Endlichen und Unendlichen beschäftigen.

 # War Romeo impulsiv?

Neuphilologie und Mediävistik, Cambridge

Selbstverständlich war Romeo impulsiv. Das zeigt sich schon daran, wie schnell er sich von seiner alten Liebe Rosaline abwendet, als er Julia begegnet:

> *Liebt ich wohl je? Nein, schwör es ab, Gesicht!*
> *Du sahst bis jetzt noch wahre Schönheit nicht.*[9]

Auch hinter seiner Bereitschaft, eine totbringende Fehde zwischen den Familien Capulet und Montague auszulösen, um seine Liebe zu Julia sofort erfüllt zu sehen, steckt Impulsivität. Ungeachtet der Konsequenzen tötet er Tybalt aus Rache und lässt jede Ratio außer Acht:

> *Nun flieh gen Himmel, schonungsreiche Milde,*
> *Entflammte Wut, sei meine Führerin!*

Selbst Julia erschrickt angesichts Romeos Impulsivität, die seine plötzlich und heftig zu ihr entbrannte Liebe offenbart:

> *Er ist zu rasch, zu unbedacht, zu plötzlich,*
> *Gleicht allzu sehr dem Blitz, der nicht mehr ist,*
> *noch eh man sagen kann: Es blitzt.*

Und genau das beabsichtigte Shakespeare zu zeigen: Romeo und Julia stehen repräsentativ für die Unbesonnen-

---

9   Alle Zitate in der Übersetzung von August Wilhelm von Schlegel

heit und Impulsivität der Jugend, sie verkörpern die bedenkenlose und rücksichtslose Liebe, die gleichzeitig ungeheuer verlockend und desaströs ist.

Aber macht die Liebe Romeo impulsiv oder verliebt er sich Hals über Kopf, weil er impulsiv ist? Liebe wird oft als eine Art Wahn beschrieben und kann vernünftige Männer und Frauen die verrücktesten Dinge tun lassen. Für viele Charaktere in den Dramen Shakespeares und seiner ungefähren Zeitgenossen wie Lope de Vega oder Calderón de la Barca sind Liebe und Wahnsinn zwei Seiten einer Medaille: Liebe ist süßer Wahn. Selbst Freud räumte ein: »Wenn man verliebt ist, ist man sehr verrückt.« Die Romantiker empfanden den Wahn der Liebe als befreiend, da er die Fesseln gesellschaftlicher Verhaltensnormen löste.

Romeo ist offenkundig dafür bestimmt zu lieben. Er sucht nach Liebe, nach dem Adrenalinschub, der mit ihr verbunden ist. Er ist in gewisser Weise süchtig nach Liebe – und deshalb auch süchtig danach, all seinen Impulsen sofort nachzugeben. Es gehört zum Wesen vieler tragischer Helden von Ödipus bis Othello, vorschnell und unüberlegt zu handeln, vom Herzen, nicht vom Verstand getrieben. Hätten sie nur einen Moment lang nachgedacht, hätte sich so manch fatale Wendung vielleicht verhindern lassen.

Gerade ihre Impulsivität aber ist es, die das Publikum in ihren Bann zieht. Sie erscheinen mutig und leidenschaftlich, wenn auch ein wenig töricht, und versetzen den Zuschauer in Spannung. Während wir sie gebannt beobachten, sind wir hin- und hergerissen zwischen dem Bedürfnis, sie zu warnen: »Tu das nicht! Das ist Wahnsinn!«, und sie anzuspornen: »Genau, missachte alle Vorsicht und schreite voran!« Dieses Spannungsverhältnis lässt uns das Geschehen auf der Bühne fasziniert verfolgen und uns alle Höhen und Tiefen miterleben. Die Impulsivität der Helden reißt uns mit, viel stärker als jedes bedachte, vernünftige Verhalten es tun würde. Das Publikum ist von der Risikobereitschaft der Figuren berauscht, da es durch ihre Handlungen stellvertretend Leidenschaft und Wagemut erlebt. Die Unbedachtheit der Helden macht sie aber auch anfällig für Niederlagen. Indem sie sich in die Figuren hineinversetzen, erleben die Zuschauer eine spannende emotionale Gratwanderung. Das tragische Ende des Helden bestätigt ihnen jedoch, dass ihr eigenes, besonnenes Verhalten letztlich angemessen ist, da es solche Katastrophen verhindert.

Die griechischen Philosophen bezeichneten ein Verhalten im Stile Romeos als *akrasia*, Unbeherrschtheit. Bis heute bemühen sich Philosophen und Psychologen, dieses Phänomen zu erklären. Sokrates glaubte, dieses Verhalten würde nur durch Ignoranz hervorgerufen – Menschen, die wirklich wüssten, was gut für sie ist, würden sich auch entsprechend verhalten. Diese Ansicht teilen viele Wirtschaftswissenschaftler der Moderne, auch Milton Friedman vertrat sie. Bei Romeo trifft diese These allerdings nicht zu, denn er schlägt die sichere Alternative bewusst aus. Thomas von Aquin führte impulsives, exzessives Verhalten auf einen Mangel an mäßigender Tugend, Scham oder Sittsamkeit (griechisch: *aidos*) zurück – etwas, das Nietzsche später als fatale Schwäche geißelte.

Ab dem 18. Jahrhundert begannen Philosophen, impulsives Verhalten freundlicher zu bewerten. Sie erachteten es als aus dem ungezähmten, natürlichen Teil unseres Charakters stammend und beschrieben es als Gegengewicht zu unseren angelernten rationalen Wesenszügen – eine Opposition, die dem Bild des nach dem Instinkt handelnden edlen Wilden als Kontrast zu dem berechnenden, vernunftgesteuerten Verhalten des zivilisierten Menschen entspricht. Nach Freuds Theorie ist das impulsive Verhalten vom »Es« gesteuert, jener unbewussten Struktur der menschlichen Psyche, deren Inhalt der Ausdruck der Triebe ist und die oft mit der rationalen, bewussten Struktur des »Über-Ichs« kollidiert. Dazwischen liegt die Instanz des »Ich«, die zwischen den Ansprüchen von »Es« und »Über-Ich« zu vermitteln versucht.

Freuds Theorien liegen zwar nicht mehr im Trend, dennoch gehen viele Psychologen davon aus, dass das menschliche Verhalten von zwei unterschiedlichen Arten zu denken geprägt ist – einer logischen, auf Sprache beruhenden Art und einer irrationaleren, von Assoziationen bestimmten Art. Nach dieser Ansicht ist Romeos impulsives Verhalten dadurch begründet, dass sich in seinem jungen Gehirn starke Assoziationen zwischen Gefahr und Erregung, Genuss und Liebe ausgebildet haben. Selbst seine Sprache wird nicht von Logik bestimmt, sondern durch die Assoziation von Liebe mit Schönheit. Shakespeare legt ihm Worte in den Mund, die zu den schönsten und berauschendsten Bekundungen von Romantik zählen:

Doch still, was schimmert durch das Fenster dort?
Es ist der Ost, und Julia die Sonne!
Geh auf, du holde Sonn! Ertöte Lunen,
die neidisch ist und schon vor Grame bleich.
Kein Wunder, dass Julia in Verzückung gerät.

Wie würden Sie einem Marsbewohner erklären, was ein Mensch ist?

Da bis jetzt noch niemand einem Marsbewohner begegnet ist, ist diese Frage vermutlich als hypothetisch aufzufassen. In der Kommunikation wäre es wichtig, Referenzpunkte zu finden, die den Marsbewohner die Beschreibung verstehen lassen. Wenn der Marsbewohner einem Menschen ähnlich ist, gelingt uns das problemlos. Ist er aber ein lebendiger Felsklotz, der noch nie andere Lebensformen gesehen hat, wird die Aufgabe schon schwieriger. Und ohne eine gemeinsame Sprache höchst kompliziert. Sofern wir also nicht mehr über das Wesen des hypothetischen Marsmenschen wissen, ist die Anzahl der Möglichkeiten und Schwierigkeiten unbegrenzt und eine Antwort auf die Frage letztlich sinnlos.

Ich könnte jetzt meine Fantasie spielen lassen, meinen eigenen Marsmenschen entwerfen und diesem dann erklären, wie ein Mensch aussieht. Aber vermutlich ist der Prüfer eher an einer Beschreibung des Menschen interessiert als an der Stegreiferfindung eines Marsbewohners. In anderen Worten: Die Beschaffenheit des Marsbewohners ist irrelevant; hinter der Fragestellung steht die Erwartungshaltung, einer uns vollkommen unbekannten Spezies, mit der wir auf wunderbare Weise über das Medium der Sprache kommunizieren können, grundlegende Merkmale des Menschen zu erläutern.

Wahrscheinlich würde ich mit den einfachsten physischen Fakten anfangen und die chemischen Grundlagen des Lebens auf der Erde beschreiben. Das Leben auf der

Erde, würde ich erläutern, beruht auf der bemerkenswerten Eigenschaft einiger großer Kohlenstoffmoleküle, sich selbst zu replizieren und sich in Kolonien zu organisieren. Irdische Lebensformen sind im Grunde Gemeinschaften von selbstreplizierenden Kohlenstoffmolekülen, die typischerweise von einer Schutzhülle oder Zelle umgeben sind. Über Milliarden Jahre hinweg haben diese Gemeinschaften eine enorme Vielseitigkeit entwickelt, da sich einzelne Zellgruppen auf jeweils eigene Aufgaben spezialisieren. Gemeinschaften dieser Art besitzen die verschiedensten Erscheinungsformen, aber es gibt zwei Grundformen: Pflanzen, die sich nicht fortbewegen können und ihre Energie aus dem Sonnenlicht beziehen, und Tiere, die sich bewegen können und aktiv nach Nahrung suchen. Die meisten Tiere verfügen über einen Kopf mit einem Gehirn darin. Das Gehirn steuert die Bewegungen des Körpers. Der restliche Körper enthält die Organe, die der Organismus braucht, um sich selbst zu erhalten. Am Körper befinden sich in der Regel Gliedmaßen, die eine Fortbewegung ermöglichen.

Menschen sind komplexe und erdgeschichtlich sehr junge Wesen; der Homo sapiens ist erst 150 000 Jahre alt. Menschen haben einen Kopf, einen Körper und vier Gliedmaßen, wie viele andere Tiere auch. Im Unterschied zu den meisten anderen Tieren stehen sie aufrecht auf nur zwei Gliedmaßen. Das erlaubt ihnen, mit den freien Gliedmaßen Dinge zu greifen. Ihre Augen – ihr Sehapparat – haben den Gegenstand, den sie ergreifen möchten, direkt im Blick. Da es den Menschen damit möglich ist, ihre Umgebung sehr exakt zu manipulieren, sind sie anderen Tieren gegenüber im Vorteil. Der Mensch hat sich in vielerlei Hinsicht in einzigartiger Weise entwickelt und dominiert heute das Leben auf der Erde.

Der Mensch hat ein komplexes Gehirn ausgebildet, verfügt mit der Sprache über ein ausgefeiltes Kommunikationssystem und besitzt ein Maß der Eigenwahrnehmung, das das der anderen Tiere übersteigt. Dadurch gelingt es den Menschen, in vielen Bereichen über rein physische Notwendigkeiten hinauszuwachsen. Menschen müssen ihre Grundbedürfnisse nach Nahrung und Wärme stillen, um überleben zu können. Doch für die meisten Menschen bedeutet Leben viel mehr als reines Überleben.

Wir Menschen können abstrakte Gedanken fassen, wir haben Fantasie. Durch Kooperation und Arbeitsteilung können wir eine fantastische Palette von Dingen produzieren, die das Leben einfacher machen: von Häusern zum Bewohnen bis zu Maschinen zur Fortbewegung und zur Bewältigung verschiedenster Aufgaben. Wir können wunderbar kunstvolle Dinge schaffen, zum Beispiel die vielfältigen Klänge der Musik, die einzig unserer Unterhaltung und Erbauung dient. Wir verfügen über grenzenlose Neugier, die es uns ermöglicht hat, Einsicht in das Wesen der Welt zu gewinnen, die uns umgibt, faszinierende Apparate zu bauen, die uns weit über unsere körperliche Beschränktheit hinaus in die winzige Welt subatomarer Partikel und die gewaltige Weite des Universums blicken lassen, und Theorien über diese Welten zu formulieren. Wir können unsagbar grausam zueinander sein oder rührend fürsorglich. Wir haben viel gemeinsam, sind aber alle unterschiedlich, nicht nur körperlich, sondern auch in unseren Gedanken und Bedürfnissen, Hoffnungen und Ängsten. Wir sind einerseits ganz einfache Kreaturen mit materiellen Grundbedürfnissen, andererseits aber auch komplexe Wesen, die sich ständig um ihren Platz auf der Welt sorgen. Wir schlafen, wir essen, wir lieben, wir reden, wir arbeiten, wir denken, wir analysieren, wir schimpfen, wir tanzen, wir blasen Trübsal, wir lachen, wir weinen.

Unsere Leben sind kurz und letztlich recht ähnlich, aber jeder lebt es anders, jeder hat sein persönliches Innenleben, seine Träume, Ängste, Hoffnungen und Enttäuschungen. Tatsächlich schätzen wir unsere Schwächen und nennen sie »nur zu menschlich«, denn wenn sie uns nicht gerade Kopfschmerzen bereiten, verführen sie uns zum Lernen, Erforschen, Anpassen und Kommunizieren ... sogar mit imaginären Marsbewohnern.

Was schätzen Sie am Gehirn am meisten?

Medizin, Cambridge

Was für eine Frage! Was ich schätze, ist, dass mir jemand eine Frage wie diese stellen kann und ich versuchen kann, sie zu lösen. Ich schätze nicht das, was das Gehirn *ist*, sondern das, was es *tun* kann. Dass es mir ermöglicht, nachzudenken, zu analysieren, aus Erfahrung zu lernen, Ideen zu formulieren und zu wissen, was Genuss ist und was Schmerz. Ich schätze die Tatsache, dass es mir mein Leben ermöglicht.

Rein physisch kann ich dem Gehirn nichts abgewinnen, ich finde seinen Anblick sogar ein wenig eklig. Aber ich schätze die Tatsache, dass ich dank ihm darüber nachdenken kann, dass dieser große, pastetenähnliche Klumpen ein nur mikroskopisch sichtbares Netzwerk von Nervenzellen enthält, das ihn zum faszinierend-komplexesten Ding im ganzen Universum macht. Die Schätzungen gehen weit auseinander, weil natürlich nicht alle nachgezählt worden sind, aber man geht von rund 100 Milliarden Nervenzellen im Gehirn aus – was durch einen seltsamen Zufall etwa der Zahl von Galaxien in unserem Universum entspricht. Aber diese nackte Zahl, so beeindruckend sie auch sein mag, erfasst nicht annähernd die wunderbare Komplexität des Gehirns, in dem jede dieser 100 Milliarden Zellen mit 1000 anderen vernetzt ist. Nervensignale können über unvorstellbar viele alternative Wege durch das Gehirn sausen und uns all die Dinge tun lassen, die uns menschlich machen: aufspringen und hinsetzen, lachen und weinen, lieben und hassen, rufen, fluchen, essen, trinken.

Ich schätze am Gehirn, wie es immer wieder alle Erwartungen übertrifft und ein viel großartigerer Apparat ist, als einige Wissenschaftler uns glauben lassen wollen. Bis in die jüngste Zeit hinein beschrieben Forscher das Gehirn als absterbende Maschine, einen Computer, der an Effektivität verliert, während der Mensch an Alter zunimmt, da Nervenzellen absterben und nicht durch neue ersetzt werden. Verfahren wie die funktionelle Magnetresonanztomografie (fMRT) ließen Wissenschaftler jedoch erkennen, dass das Gehirn kein computerähnlicher Mechanismus ist, der langsam seine Komponenten einbüßt. Das Gehirn ist vielmehr ein flexibler, lebender Organismus mit einer verblüffenden Anpassungs- und Entwicklungsfähigkeit. Man spricht in diesem Zusammenhang von der »Plastizität« des Gehirns, der fast unbegrenzten Fähigkeit, sich immer wieder neu zu programmieren.

Ich schätze die mittlerweile bewiesene Tatsache, dass die Anzahl der Gehirnzellen nicht viel über die mentalen Fähigkeiten eines Menschen aussagt. Bedeutend sind die Verbindungen zwischen den Zellen – und unabhängig vom Alter des Menschen ist die Anzahl möglicher Vernetzungen beinahe unendlich. Tatsächlich bildet das Gehirn im Lauf der Zeit immer mehr dieser Verbindungen aus, nicht weniger. Ich schätze auch, dass zumindest ein Teil der im Verlauf des Lebens absterbenden Gehirnzellen durch neue ersetzt wird. Und das Absterben von Gehirnzellen (Apoptose) kann die mentale Leistungsfähigkeit sogar erhöhen: Bei Kindern sterben während des Lernens selten benutzte Gehirnzellen ab, was den anderen, nützlichen, erlaubt, sich voll zu entfalten – eine natürliche Selektion im Sinne Darwins. Das Absterben der Zellen im Laufe eines menschlichen Lebens könnte also ein Mechanismus sein, um die Leistungsfähigkeit des Gehirns zu erhöhen.

Der vielleicht schönste Sieg des Gehirns über die kritische Wissenschaft ist die jüngst gewonnene Erkenntnis, dass wir seine Leistungsfähigkeit viel stärker beeinflussen können als gedacht. Es hat sich herausgestellt, dass die Zukunft Ihres Gehirns zumindest teilweise in Ihrer Hand liegt beziehungsweise in Ihren Gedanken. Am meisten schätze ich am Gehirn allerdings, dass ich eines besitze, das zwar allen anderen menschlichen Gehirnen gleicht, jedoch in einzigartiger Weise meines ist.

Warum glauben so wenige Amerikaner an die Evolution?

Humanwissenschaften, Oxford

Es gehört zu den Widersprüchlichkeiten der modernen Welt, dass ausgerechnet in den USA, einer der am stärksten durch technischen Fortschritt gekennzeichneten Nationen, eine so große Anzahl Christen einige der bestgesicherten Theorien der Wissenschaft infrage stellt.

Wer an die wörtliche Interpretation der Bibel glaubt, nach der Gott alle Kreaturen durch einen Handstreich schuf, muss die Evolutionstheorie ablehnen, da diese besagt, dass sich die lebenden Organismen auf der Erde im Laufe von Milliarden Jahren in der Natur entwickelt haben. Das allein ist aber für die Beantwortung der Frage nicht ausreichend. Auch wenn es überall Dispute gab, akzeptieren in anderen Ländern der Welt viele Christen die Evolutionstheorie, ohne sich in ihrem Glauben bedroht zu fühlen.

In den USA belegen aktuelle Umfragen, dass über die Hälfte der Bevölkerung nicht an die Evolution glaubt. Eine Erhebung, die neben den USA auch Europa, die Türkei und Japan einschloss, zeigt, dass lediglich in der Türkei weniger Menschen die Evolutionstheorie akzeptieren als in Amerika. Darwins Theorie von der natürlichen Selektion, nach der die Evolution gewissermaßen automatisch (ohne eine Präsenz Gottes) erfolgt, stößt in den USA auf noch größere Skepsis: Nur 14 Prozent aller Amerikaner halten sie für zutreffend. Dabei gilt sie unter Wissenschaftlern seit fast einem Jahrhundert als unumstritten.

Man könnte mutmaßen, dass vielen Amerikanern vielleicht ein entsprechendes Bildungsniveau fehle. Je mehr sich Menschen mit der Wissenschaft beschäftigen, umso geringer ist auch die Scheu vor der Auseinandersetzung mit der Evolutionstheorie. In einem *Science*-Artikel aus dem Jahr 2006 stellen jedoch die Wissenschaftler Miller, Scott und Okamoto die religiöse Überzeugung als einzige Motivation heraus. Eine aktuelle Gallup-Umfrage bestätigt dieses Ergebnis: Unabhängig vom Bildungsgrad glaubt die Mehrheit aller Amerikaner, die nicht regelmäßig in die Kirche gehen, an die Evolutionstheorie. Von den Kirchgängern glaubt nicht einmal ein Viertel daran. Die Ablehnung von Darwins Theorie geht übrigens einher mit streng konservativen Ansichten, strikter Ablehnung von Schwangerschaftsabbrüchen, moralischer Rigorosität und geringer Spiritualität. Das zeigt, dass bei den Vorbehalten gegen die Evolutionstheorie innerhalb der USA neben dem rein religiösen auch ein kulturelles Element mit hineinspielt. In der amerikanischen Gesellschaft steht eine breite Schicht (die durch die Wahl von Barack Obama zum Präsidenten 2008 zumindest kurzfristig als Minderheit entlarvt wurde) dem Fortschritt, dem Unbekannten und der Wissenschaft skeptisch gegenüber.

Warum so viele Amerikaner der Wissenschaft misstrauen, lässt sich kaum sagen. Vielleicht sehen sie durch neue Erkenntnisse traditionelle Werte oder fundamentale Glaubensinhalte gefährdet. Vielleicht missfällt ihnen aber auch der demokratisierende Einfluss der Wissenschaft, ebenso wie im 18. Jahrhundert konservative Kreise die Aufklärung missbilligten, die den menschlichen Verstand über die göttliche Fügung stellte und die Französische und die Amerikanische Revolution beflügelte. Vielleicht sehen sie, wie so viele Europäer auch, die Selbstüberschätzung der Wissenschaft kritisch, da sie trotz vollmundiger Versprechen oft an hochgesteckten Zielen scheitert. Möglicherweise fürchten sie auch, dass die Wissenschaft die Poesie und

Magie aus unserem Leben vertreiben oder, wie Keats es ausdrückte, den »Regenbogen entzaubern« würde. Paradoxerweise befürworten viele Evolutionsgegner übrigens den Einsatz von Gentechnologie.

Es ist nicht immer ganz klar, welchen Aspekt der Evolutionstheorie skeptische Amerikaner überhaupt ablehnen. Viele, aber längst nicht alle, sind Anhänger des Kreationismus und glauben, Gott hätte alles Leben auf Erden erschaffen. Dabei wird jedoch nicht immer deutlich, ob sie der Überzeugung sind, dass sämtliche Lebewesen in ihrem heutigen Erscheinungsbild durch Gottes Hand entstanden sind oder ob im Laufe der Zeit Arten verschwunden und neue hinzugekommen sind.

Das Konzept des Intelligent Design hat unter Evolutionsgegnern relativ großen Einfluss. Diese Auffassung stammt nicht aus der Bibel, sondern dient offensichtlich als pseudowissenschaftliche Theorie, um der Evolutionstheorie auf intellektueller Ebene Argumente entgegenzusetzen. Die Kernaussage lautet, dass die meisten Lebensformen auf der Erde derart komplex und gut an ihre Umwelt angepasst sind, dass nur ein planender Verstand sie so geschaffen haben kann, und dieser heißt Gott.

Dieses bei Philosophen aus der Teleologie bekannte Argument ist uralt und seit Langem diskreditiert. Doch die Vertreter des Intelligent Design haben ihm mit »Forschungsinstituten« und »fundierten« Publikationen im Internet einen neuen wissenschaftlichen Anstrich verliehen. Es werden vehemente Auseinandersetzungen darüber geführt, ob Intelligent Design neben der Evolutionslehre an amerikanischen Schulen gelehrt werden soll. Oft, aber nicht immer, scheinen sich die Designer durchzusetzen. Ihre »Theorie« ist jedoch genauso unwissenschaftlich wie der ursprüngliche Kreationismus und sollte in Lehrplänen nichts zu suchen haben. Angesichts der Infragestellung der Evolutionstheorie durch solch einflussreiche und wortgewandte Gruppierungen verwundert es jedoch kaum, dass viele Amerikaner diese Lehre nicht akzeptieren.

☛ Wie würden Sie durch Architektur die Zahl der Verbrechen senken?

Architektur, Cambridge

In den letzten Jahrzehnten schockierte die Tatsache, dass sich so viele der hochgepriesenen Siedlungsprojekte der 1960er-Jahre zu Verbrechensschwerpunkten entwickelten. Sie verkamen zu Problemvierteln, in denen niemand wohnen möchte, sofern es sich vermeiden lässt, und die von einer hohen Kriminalitätsrate geprägt sind. Natürlich spielt die Zusammensetzung der Wohnbevölkerung oft eine Rolle, aber inzwischen hat sich die Ansicht durchgesetzt, dass die Umgebung selbst den Ausschlag gibt. Es scheint also, dass schlecht konzipierte Bauwerke Verbrechen nicht nur nicht eindämmen, sondern sogar befördern.

Bei der Beantwortung der Frage ist es hilfreich, wenn man mit einem neuen Konzept innerhalb der Architektur vertraut ist, das als Crime Prevention Through Environmental Design (CPTED, »Verbrechensvorbeugung durch Umgebungsgestaltung«) bekannt und in den vergangenen Jahren populär geworden ist. Seine Ursprünge reichen zurück in die 1960er-Jahre, als amerikanische Autoren wie Jane Jacobs in Büchern wie *The Death and Life of Great American Cities* (1961) beschrieben, wie entfremdend die neuen urbanen Landschaften wirkten, mit ihren riesigen Flächen von »Niemandsland« und der fehlenden Interaktion zwischen Nachbarn. Inzwischen ist dieser städtebauliche Aspekt Gegenstand intensiver Forschung. Viele Empfehlungen von CPTED entsprechen jedoch allein schon gesundem Menschenverstand – was viel darüber aussagt, welchen Fehlplanungen Architekten unterlagen. Zielsetzung des Konzepts ist es, Kriminalität durch vorbeugende Maßnahmen zu erschweren und darüber hinaus durch subtile Maßnahmen eine allgemeine Stimmung zu erzeugen, die Menschen tendenziell davon abhält, Verbrechen zu begehen.

CPTED-Verfechter mögen das Wort »natürlich«. Sie sprechen von »natürlicher Überwachung«, »natürlicher Zugangskontrolle« und »natürlicher Erzeugung von Territorialität«. Dahinter steht die Idee, Sicherheit nicht durch Mauern, Stacheldraht und Überwachungskameras zu erzeugen, sondern durch Nachbarn, die sich kennen und aufeinander aufpassen. In der Praxis beinhaltet das Konzept, durch bauliche Maßnahmen bei den Bewohnern einer Anlage ein Verantwortungs- und Gemeinschaftsgefühl zu erzeugen. Prinzipien wie diese kamen bei der Planung der Olympischen Spiele 2000 in Sydney zum Einsatz, ebenso beim Bau der Universitätscampus von Buckingham und Suffolk, wo mit viel Glas, Rasenflächen und benutzerfreundlichen Räumen gearbeitet wurde.

Verbrechen sind in Umfeldern, in denen sich die Menschen kennen und sich für die gemeinsam genutzten Bereiche mitverantwortlich fühlen, viel unwahrscheinlicher. Daraus folgt, dass Architektur immer »menschliche« Dimensionen haben muss. Große Wohnanlagen sollten so in Untereinheiten mit eigenen öffentlichen Räumen unterteilt sein, dass sich Nachbarn ganz selbstverständlich regelmäßig begegnen. Dies lässt sich durch landschaftsgärtnerische Maßnahmen gezielt fördern. Jede Untereinheit muss sich jedoch zumindest durch einige individuelle Züge, etwa eine eigene Farbe oder besondere Schmuckelemente, von den anderen absetzen, um bei den Bewohnern einen persönlichen Bezug herzustellen. Auch die gemeinsam genutzten Bereiche müssen attraktiv gestaltet sein und Sitzgelegenheiten aufweisen. Die Übergänge von privaten zu öffentlichen Räumen müssen fließend und einladend sein, um ein Gefühl des Stolzes und des gemeinsamen Besitzes zu fördern. Diese gemeinschaftlich genutzten Bereiche, auf die die Fenster und Türen der Wohnanlage hinausgehen, tragen auch dazu bei, die soziale Isolierung zu verringern, die ebenfalls zu den Ursachen hoher Verbrechensraten zählt. Zentral ist das Bestreben, den Bewohnern ein Gefühl von Eigentümerschaft zu vermitteln. In der Theorie des CPTED wird dies als »natürliche Erzeugung von Territorialität« beschrieben: Grundriss und Gestaltung müssen so optimiert sein, dass die Anwohner die Siedlung als die »ihre« betrachten, wo man sich untereinander kennt und wo Fremde sofort auffallen.

»Natürliche Überwachung« bedeutet, dass Türen und Fenster auf hell erleuchtete öffentliche Bereiche blicken, sodass die Anwohner das Kommen und Gehen im Auge haben und sehen, wer zu Hause ist. Auf diese Weise werden nicht nur Fremde auf der Anlage sofort wahrgenommen, auch die Kenntnis darüber, wer in welcher Wohnung wohnt, wird beiläufig gefördert, was die individuellen Wohnbereiche für Kriminelle wenig attraktiv macht. Unbedingt vermieden werden müssen schwach erleuchtete Korridore und Treppenhäuser sowie dunkle, versteckte Nischen. Auch abgelegene Park- und Müllplätze sind problematisch. Viel besser sind offen einsehbare Parkmöglichkeiten (außer es gibt keinerlei Sicherheitsbedenken).

»Natürliche Zugangskontrolle« bedeutet, dass potenzielle Eindringlinge durch die architektonische Gestaltung der Anlage abgeschreckt werden, anstatt durch hohe Mauern und Stacheldraht. Die Effektivität einer solchen Abschreckung wird oft unterschätzt. Einbrüche geschehen dort, wo Zugänge entweder schlecht geschützt oder nicht einsehbar sind. Türen und Fenster können durch eine stabile Bauweise oder Riegel gesichert werden, aber auch durch die Anordnung an gut beleuchteten öffentlichen Bereichen oder, was Fenster anbelangt, an schwer zugänglichen Stellen. Ein Fenster im ersten Stock in der Nähe von rollbaren Mülltonnen ist für Einbrecher zum Beispiel äußerst einladend. Eine Sicherung durch massive, an Gefängnisse erinnernde Gitterstäbe fördert jedoch die Entfremdung und spornt Verbrechen möglicherweise an. Sicherheitsvorkehrungen müssen immer ansprechend aussehen, gleichzeitig aber natürlich widerstandsfähig sein. Bepflanzungen und natürliche Barrieren sind wirkungsvoller als Mauern, Gitter und Beton. Beete und Hecken lassen eine Wohnanlage nicht nur hübsch und gepflegt erscheinen, sondern bilden für Einbrecher tatsächlich größere Hindernisse. Es ist nämlich erstaunlich schwierig, über eine Hecke zu klettern!

Heutzutage folgt der Siedlungsbau immer häufiger den CPTED-Regeln, oft werden schon in der Planungsphase Polizisten und Sozialarbeiter als Berater hinzugezogen. Das ist alles prima – allerdings auch ein alter Hut, denn früher haben Gemeinden solche Aspekte ganz automatisch berücksichtigt. Berater brauchten sie dafür keine ...

Was meinen Sie: Ist Gier gut oder schlecht?

Land Economy, Cambridge

»Gier ist gut« – dieser Spruch des Finanzhais Gordon Gekko (gespielt von Michael Douglas) aus dem 1987 produzierten Film *Wall Street* ist längst berühmt geworden. Der Regisseur Oliver Stone porträtierte Gekko als skrupelloses Monster, das Firmen brutal zerschlägt und die einzelnen Komponenten verkauft. In den Zeiten des ungebremsten Kapitalismus unter Reagan und Thatcher waren feindliche Firmenübernahmen dieser Art jedoch salonfähig, und Gekko wurde vielen zum Vorbild. Ehrgeizige junge Männer und Frauen strömten nach New York City, fest entschlossen, ihre erste Million zu scheffeln, noch bevor sie 30 wurden. Diese geldgierige Mentalität machte sich auch in anderen Bevölkerungsschichten breit. Zwar zeigten nur die wenigsten ihre Einstellung so offen wie Gekko, doch der rasch erworbene Wohlstand wurde hemmungslos zur Schau getragen.

Persönliches Gewinnstreben wurde nun nicht nur weniger gebrandmarkt, sondern auch von Wirtschaftswissenschaftlern als für die Gesellschaft förderlich gelobt. Milton Friedman propagierte gar die Abschaffung der staatlichen Regulierung, um Eigeninteressen Raum zu geben. In seiner zugespitzten Form des von Adam Smith vertretenen Laisser-faire-Kapitalismus galt Gier als treibende Kraft der Gesellschaft, ihre ungebremste Entfaltung als Garant für Wohlstand sowie politische und soziale Freiheit. Die Deregulierung der Finanzmärkte unter Reagan und Thatcher gipfelte am 27. Oktober 1986 im Big Bang an der Londoner

Börse. Bald folgten gewaltige Leistungsprämien, die die Finanzwelt beträchtlich stärkten.

Die weitere Entwicklung ist heute bestens bekannt. London und New York wurden in den 1990er-Jahren und zu Beginn des neuen Jahrtausends von Geld überschwemmt, die Immobilienpreise explodierten und Senkrechtstarter schwelgten in Luxusgütern wie 80 Dollar teuren Sandwiches. Es schien, als sei Gier gut. Im Herbst 2008 platzte jedoch die Seifenblase, als etliche Banken sich verspekuliert hatten und finanzstarke Institutionen wie Lehman Brothers in den Abgrund stürzten. Als die Menschen ihren Lebensunterhalt durch die Krise bedroht sahen, schlug die Stimmung fast über Nacht um. Gier galt plötzlich als böse, als arrogante Selbstsucht, die die Welt an den Rand des Ruins getrieben hatte. Gierige Banker wurden angeprangert, immer lauter wurden die Forderungen, ihren boshaften Machenschaften durch Gesetze Einhalt zu gebieten. In Großbritannien schien der 2009 aufgedeckte Skandal um die überhöhten Spesenabrechnungen von Parlamentsabgeordneten das Prestige des Geizes endgültig zu zerstören: Die Politiker übertrafen sich gegenseitig in der Verbreitung der Parole »Geiz ist schlecht«. Auch wenn die Menschen privat noch in gleichem Maße nach persönlichem Reichtum strebten, hätten sie das nun nicht mehr öffentlich verlautbart.

Trotz dieses offensichtlichen Wandels ist das Erbe der 1970er- und 1980er-Jahre noch tief im Bewusstsein der Menschen verankert. Gier wird zwar nicht mehr öffentlich für gut befunden, insgeheim erachten die meisten sie aber als unvermeidlich. Der ungezügelte Individualismus, den Reagan und Thatcher förderten – man erinnere sich nur an Thatchers Ausspruch »So etwas wie Gesellschaft gibt es nicht« –, war Teil eines Gesamtbildes, zu dem zum Beispiel auch Richard Dawkins' revolutionäres Buch *Das egoisti-*

sche Gen gehörte, das Menschen als bis in ihre Erbanlagen hinein selbstsüchtig beschrieb. Die Auffassung, dass Menschen im Grunde egoistisch und gierig sind, ist bis heute weitverbreitet.

Tatsächlich ging der auf Konkurrenzdenken basierende Individualismus der 1980er- und 1990er-Jahre Hand in Hand mit einer Art Paranoia: dem Gefühl, betrogen oder verachtet zu werden, wenn man nicht selbst die Ellbogen ausfuhr. Rücksichtslos versuchte man sich auf Kosten anderer zu bereichern – und wies denen, die sich ausbeuten ließen, eigenes Verschulden zu. Nur die wenigsten würden zwar wie Gekko zugeben, dass Gier gut sei, viele würden aber darauf beharren, dass wir gierig sein müssen, um in einer gierigen Welt zu überleben.

Allerdings hat die vorherrschende Kultur einen tief greifenden Einfluss auf unsere Gefühle und unser Verhalten. Meiner Ansicht nach sind Egoismus und Paranoia nur Ausdruck einer egoistischen und paranoiden Phase unserer Gesellschaft, nicht intrinsischer Teil der menschlichen Natur. Versetzt man Menschen in andere Gesellschaften, verhalten sie sich auch ganz anders. Mir widerstrebt es, Banker oder Parlamentarier der Gier zu bezichtigen – sie haben sich einfach nur so verhalten, wie es ihnen die umgebende Kultur vorschrieb. In gewisser Weise ist man auch gierig, wenn man mit dem Finger auf andere zeigt: gierig nach moralischer Überlegenheit. Ich finde Gier schlecht, nicht nur weil sie moralisch verwerflich ist, sondern weil sie der Gesellschaft schadet. Eine Welt, in der die Menschen nicht großzügig sind – sowohl in materieller als auch in emotionaler Hinsicht – und nur nach eigenen Besitztümern streben, ist aller Wahrscheinlichkeit nach ein wenig glücklicher Ort.

Wenn ein Freund mich einsperrt und sagt, er ließe mich jederzeit wieder gehen, wenn ich ihm 5 Euro zahlte, ist das dann Freiheitsberaubung?

Jura, Cambridge

Toller Freund! Die Antwort auf diese Frage lautet schlicht »Ja«. Selbst wenn Sie nichts zahlen müssten, um den Raum wieder zu verlassen, hat Ihr Freund Sie doch Ihrer Freiheit beraubt. Und zwar in dem Moment, als er den Schlüssel umdrehte. Es zählt einzig, dass Ihre Bewegungsfreiheit eingeschränkt wurde. Die Gebühr von 5 Euro fürs Aufsperren verschlimmert die Sache nur.[10]

In der westlichen Welt zählt die Freiheit zu den wichtigsten Menschenrechten. Sie ist uns mittlerweile so selbstverständlich, dass wir jede Einschränkung als störend bis unerträglich empfinden. »Auf seine Freiheit zu verzichten heißt, auf seine Menschenwürde zu verzichten«, erklärte Rousseau. Das Problem besteht natürlich darin, dass wir nicht allein sind auf der Welt. Deswegen dürfen wir nicht einfach alles tun, was uns beliebt, selbst in der liberalsten Gesellschaft nicht. Beispielsweise kann uns nicht erlaubt sein, an-

_____

10 Eine interessante Variante ergäbe sich, wenn die eingesperrte Person ein Kind wäre und der »Täter« die Fürsorgepflicht für das Kind besäße. Als Erziehungsberechtigter darf er von Rechts wegen alles tun, was zur Erfüllung seiner Aufgabe nötig ist. Dazu mag gelegentlich gehören, ein unartiges Kind in seinem Zimmer einzusperren. Ein Kind in einem verschlossenen Raum zu »verwahren«, damit man selbst zu einer Party gehen kann, kommt natürlich überhaupt nicht infrage. Und wenn ein Kind, wie in diesem Fall, Lösegeld zahlen muss, um wieder freizukommen, ist das auch ein Fall für die Behörden.

dere Menschen zu schlagen, zu berauben oder zu töten. Daher akzeptieren wir, dass es Umstände gibt, in denen unser aller Freiheitsrecht vernünftigerweise beschnitten wird. Verbrecher dürfen ihrer physischen Freiheit beraubt und zu Gefängnisstrafen verurteilt werden. Wer andere beleidigt, sieht seine Meinungsfreiheit möglicherweise bald durch die Gesetze gegen Verleumdung und üble Nachrede eingeschränkt. All das gehört zum »Gesellschaftsvertrag«, wie Hobbes und Locke ihn nennen: Wir treten einen Teil unserer Freiheit an den Staat ab, der im Gegenzug für Ordnung sorgt. Rousseau meinte dazu, wir gäben zwar natürliche Unabhängigkeit auf, gewännen dafür aber echte Freiheit.

Der zentrale Aspekt bei dieser Thematik ist aber, dass Gesetze regeln müssen, unter welchen Umständen jemand eingesperrt werden darf – und Gesetze untersagen es üblicherweise Personen, die nicht von Rechts wegen dazu befugt sind, andere ihrer Bewegungsfreiheit zu berauben. Entführung und Verschleppung sind zwar schwerwiegendere Verbrechen als das Spiel Ihres Freundes, nichtsdestotrotz hat dieser mit dem Schließen und Absperren der Tür eine Straftat begangen. Durch seine Lösegeldforderung kommt möglicherweise sogar noch Erpressung hinzu! Vielleicht ist Ihr Freund aber auch ein Polizist, der nach dem Gesetz dazu berechtigt ist, Sie in einen Raum (etwa eine Zelle) einzusperren, weil Sie ein Verbrechen begangen haben. Dann begeht er aber mit seinem Vorschlag, Sie gegen Bezahlung freizulassen, eine Straftat.

Nun gibt es Umstände, unter denen jemand seiner Freiheit beraubt werden darf, auch wenn er kein Verbrechen begangen hat oder begehen will. In Deutschland erlauben es Unterbringungsgesetze befugten Personen, psychisch kranken Menschen zu ihrem eigenen Besten die Freiheit zu nehmen. Rechtliche Sicherungsmechanismen sollen dabei irrtümliche Freiheitsberaubungen verhindern.

Die aktuellen Terrorismusgesetze vieler Nationen werfen die Frage auf, wie lange jemand in einem Rechtsstaat eingesperrt werden darf, ohne durch ein Gerichtsverfahren verurteilt worden zu sein. Die Diskussion um die Sicherungsverwahrung beschäftigt sich mit der Frage, unter welchen Umständen Menschen, die möglicherweise in der Zukunft ein Verbrechen begehen, zum Schutze der Allgemeinheit die Freiheit entzogen werden darf. Aus Angst vor Terroristen erklärte sich das amerikanische Volk nach dem 11. September 2001 auf breiter Front dazu bereit, freiwillig auf persönliche Freiheiten zu verzichten, um dadurch größere Sicherheit zu erhalten. Gegen Ende der Amtszeit von George W. Bush wuchs allerdings der Protest innerhalb der Bevölkerung gegen die Langzeitverwahrung von Personen in Guantánamo Bay, die der Verbindung zu terroristischen Organisationen verdächtigt wurden, aber noch nicht in einem Strafprozess verurteilt worden waren.

Es ist leicht, die Forderung zu stellen, Menschen einzusperren, die Unrechtes getan haben. Die Entscheidung, wo Unrecht beginnt, ist jedoch oft schwierig. Der Philosoph John Stuart Mill wertete diese Fragestellung in seinem Buch *Über die Freiheit* (1859) als irrelevant. Laut Mill lässt sich die Einschränkung individueller Freiheit nur rechtfertigen, wenn dadurch andere vor Schaden geschützt werden. Seiner Ansicht nach spielt es keine Rolle, ob eine Gesellschaft etwas fast einhellig als unmoralisch betrachtet – wenn etwas niemandem schadet, darf es nicht von Gesetz wegen verboten werden. In den 1960er-Jahren entzündete sich in Großbritannien eine heiße juristische Debatte zwischen H. L. A. Hart, der befand, es dürfe keine Gesetze gegen »Verbrechen ohne Opfer« geben, wie zum Beispiel bei freiwilligen homosexuellen Kontakten zwischen Volljährigen, und Sir Patrick Devlin, nach dessen Auffassung die Gesellschaft das Recht besitzt, zur Aufrechterhaltung des sozialen Gefüges Moral durchzusetzen. Hart setzte sich schließlich durch, doch das Thema bleibt umstritten. Es motiviert zum Beispiel die Fragestellung, ob Menschen ohne juristische Konsequenzen Meinungen äußern dürfen, die den Rassenhass oder terroristische Bestrebungen schüren. Wo endet die Redefreiheit und wo beginnt das Recht des anderen auf körperliche Unversehrtheit?

 # Wie würden Sie durch die Zeit reisen?

Physik, Oxford

1895 entzündete H. G. Wells mit seinem Science-Fiction-Roman *Die Zeitmaschine* unsere Vorstellungskraft, wie es wohl wäre, durch die Zeit zu reisen. In seiner Erzählung gelangt ein Mann mithilfe einer Zeitmaschine in eine imaginäre Zukunft – wie eine solche Maschine aber funktioniert, verriet der Autor nicht. Ein Jahrzehnt später entwickelte Einstein die Theorie, dass die Zeit an verschiedenen Orten unterschiedlich schnell vergeht und, wie Länge und Breite, nur eine weitere Dimension des Raums ist. Plötzlich schienen Zeitreisen nicht mehr völlig ausgeschlossen. Ob es wohl möglich wäre, durch die Zeit zu reisen wie durch den Raum?

Einstein selbst glaubte, dass es nur mit Überlichtgeschwindigkeit gelänge, rückwärts durch die Zeit zu reisen – aber das sei unmöglich. Dennoch zeigen seine Theorien, dass wir alle Zeitreisende sind. Im Verlauf unseres Lebens bewegen wir uns ganz natürlich durch die Zeitdimension. Die Richtung können wir, wie es scheint, nicht ändern, wohl aber die Geschwindigkeit: Da die Zeit an verschiedenen Orten unterschiedlich schnell vergeht, müssen wir uns nur durch den Raum bewegen, um verschiedene zeitliche Dimensionen zu erleben. Je schneller unsere Reise durch den Raum erfolgt, desto langsamer vergeht währenddessen die Zeit. Diese Verlangsamung der Zeit ist zwar winzig, aber messbar, etwa mit hochpräzisen Atomuhren. Ein Astronaut, der zum Mond und wieder zurück fliegt, wäre bei seiner Rückkehr ein wenig jünger als sein Zwillingsbruder, der auf der Erde geblieben ist. Je länger und je schneller man unterwegs war, desto jünger ist man im Vergleich zu den Zuhausegebliebenen bei der Rückkehr.

Jüngste Forschungsergebnisse lassen Zweifel an der Absolutheit der Lichtgeschwindigkeit aufkommen. Am einen Ende des Spektrums brachte die Physikerin Lene Vestergaard Hau das Licht im Jahr 2000 zum Stillstand, indem sie einen Strahl durch ein Bose-Einstein-Kondensat (ein Gas, das auf eine so niedrige Temperatur abgekühlt wird, dass die Atome nahezu bewegungslos sind) schickte. Andererseits ließ im gleichen Jahr Lijun Wang Laserpulse mit 310-facher Lichtgeschwindigkeit durch einen Behälter mit Caesiumgas blitzen, sodass die Pulse rückwärts durch die Zeit zu reisen schienen: Die Blitze traten früher aus dem Behälter heraus, als sie hineintraten!

Unter Zeitreisen verstehen die meisten Menschen allerdings etwas anderes als Blitze, die 62 Milliardstelsekunden vor ihrem Absenden ankommen. Sie meinen damit zum Beispiel eine rasante Beförderung in die ferne Zukunft oder einen Ausflug in die Vergangenheit, vielleicht bis zu einer von Kleopatras ausgelassenen Feierlichkeiten. Theorien zur Durchführbarkeit solcher Unternehmungen besitzen allerdings eine eher fantasievolle Aura. In den 1930er-Jahren formulierte der Mathematiker Kurt Gödel die Idee, dass man zumindest theoretisch durch die Zeit reisen könnte, wenn es gelänge, das Raum-Zeit-Kontinuum zu verändern. Raum-Zeit-Kontinuum ist dabei die Bezeichnung für ein vierdimensionales Gebilde, das neben den vertrauten Dimensionen des Raums, das heißt Länge, Breite und Tiefe, auch die der Zeit in sich vereint. Die mathematische Theorie zeigt, dass dieses Kontinuum gekrümmt sein muss. Daraus folgerte Gödel, man könnte durch die Zeit reisen, wenn man eine Abkürzung quer durch den gekrümmten Raum nehme.

Um eine solche Abkürzung zu erzeugen, muss man das Raum-Zeit-Kontinuum »verzerren«, was mithilfe der Schwerkraft möglich ist. Ein Zeitreisender würde also zur Wegbereitung vermutlich auf schwarze Löcher zurückgreifen, die eine extrem starke Gravitation aufweisen. Weiße Löcher sind das hypothetische Gegenteil von schwarzen Löchern. Sie spucken Masse aus, während schwarze Löcher diese einsaugen. Wissenschaftliche Theorien gehen davon aus, das schwarze und weiße Löcher durch sogenannte Wurmlöcher miteinander verbunden sind. Nach Ansicht des amerikanischen Astronomen Kip Thorne bieten künstlich geschaffene Wurmlöcher eine Möglichkeit, innerhalb des Raum-Zeit-Kontinuums eine Abkürzung zu nehmen. Möglicherweise ließen sich durch Teilchenbeschleuniger, wie sie von der Europäischen Organisation für Kernforschung zur Untersuchung des Aufbaus der Materie eingesetzt werden, tatsächlich kleine Wurmlöcher erzeugen. Für Zeitreisen bräuchte man freilich etwas vielfach Größeres, und das übersteigt die heute vorhandenen Möglichkeiten bei Weitem. Ein weiteres Problem besteht darin, dass Stephen Hawking zufolge Wurmlöcher so instabil sind, dass sie einfallen würden, bevor man hineinspringen könnte. Also bräuchte man noch eine Antischwerkraftmaschine, um das Wurmloch mittels des sogenannten Casimir-Effekts offen zu halten. Dieser Effekt bewirkt, dass, wenn auf zwei parallele, leitende Platten im Vakuum eine Kraft wirkt, diese beiden zusammengedrückt werden. (Hawking sagt übrigens auch, wenn es in der Zukunft jemandem gelungen wäre, eine Zeitmaschine zu bauen, wären wir sicher schon Zeitreisenden begegnet.)

Von dem amerikanischen Astronomen Frank Tipler stammt eine andere Idee. Er schlägt vor, ein Stück extrem dichtes Material zu einem mehrere Milliarden Kilometer langen Zylinder zu rollen und diesen dann in Rotation zu versetzen. Dreht er sich schnell genug, krümmen sich Raum und Zeit um ihn herum. Wenn wir mit einem Raumschiff auf einem spiralförmigen Kurs durch den Zylinder hindurchsteuern, kommen wir exakt in dem Moment des Eintritts in einer anderen Galaxie und Zeit wieder heraus.

Natürlich existieren zahlreiche Paradoxien, die nahelegen, dass Zeitreisen unmöglich sind, mit welcher Technologie auch immer. Eines der berühmtesten Gedankenspiele erzählt von einem Mann, der in die Zeit vor der Zeugung seines Vaters zurückreist und seinen Großvater tötet. Diese Geschichte beinhaltet jedoch, dass sein Vater nie geboren wurde und er damit selbst nie geboren wurde – wie kann er dann aber seinen Großvater umbringen? Kip Thorne argumentiert, es bestünde eine unendlich große Anzahl möglicher Ketten von Ursache und Wirkung, wobei jedes Ereignis vielfältige Folgen habe. Wenn das zutrifft, sind diese Paradoxien irrelevant – wenn man in der Zeit zurückreist, löst man einfach eine andere Folge von Ereignissen aus. Vielleicht könnten Sie einfach ein quantenverschränktes Double Ihrer selbst produzieren und sich so im Wimpernschlag durch Raum und Zeit teleportieren lassen ...

Können Computer ein Gewissen haben?

Jura, Oxford

Gewissen wird normalerweise definiert als die Fähigkeit, zwischen Gut und Böse zu unterscheiden. Es ist die Stimme in unserem Kopf, die uns sagt, was wir tun und was wir lassen sollten – und die uns mit Schuldgefühlen plagt, wenn wir nicht auf sie hören. Aber es lässt sich nur schwer festmachen, wo diese urteilende Stimme herkommt. Frühe christliche Philosophen glaubten, es handele sich um die Stimme Gottes. Thomas von Aquin erachtete das Gewissen hingegen als gottgegebene Fähigkeit, Entscheidungen zu treffen. Freud zufolge ist das Gewissen Ausdruck unseres »Über-Ichs«, das die Lektionen wiederholt, die wir auf dem Schoß unserer Eltern sitzend gelernt haben. Viele Soziobiologen würden es heute als kulturelles Erbe beschreiben, das wie die Sprache im Gehirn verankert ist.

Wo immer Gewissen nun entsteht, einen Computer mit Schuldgefühlen kann man sich kaum vorstellen. Pablo Picasso soll einmal prägnant (wenn auch überspitzt) formuliert haben: »Computer sind nutzlos: Sie können uns nur Antworten geben.« Überhaupt trauen wir Computern keine Gefühle zu, auch wenn Filme wie *Nummer 5 lebt!* oder *WALL·E* uns das Gegenteil vorspielen. Vielleicht wird es in der Zukunft einmal Computer geben, die darauf programmiert sind, menschliches Schuldgefühl zu imitieren. Und vielleicht arbeitet dieses Programm tatsächlich so überzeugend, dass es uns glauben macht, die Maschine hätte ein schlechtes Gewissen. Aber selbst dann noch müsste ein Computer zwei weitere Hürden überwinden, bevor man ihm tatsächlich das nur allzu menschliche Gefühl von Gewissensbissen zusprechen könnte. Erstens muss sich die Maschine hinreichend ihrer selbst bewusst sein. Und zweitens muss sie wirklich unter ihren Gewissensbissen leiden. Eine Maschine empfindet erst dann wirklich Schuldgefühle, wenn sie, in den unsterblichen Worten George Michaels, glaubt, sie werde nie mehr tanzen. Allein die Realisierung der ersten Grundbedingung erscheint unwahrscheinlich, da die Wissenschaft bis heute noch nicht einmal über gesicherte Erkenntnisse bezüglich der menschlichen Bewusstheit verfügt.

Einen Computer, der zumindest zwischen Gut und Böse unterscheiden kann, können wir uns viel eher vorstellen. In der Medizin werden Systeme zum Beispiel schon so programmiert, dass sie einer Art hippokratischem Eid folgen und vertrauliche Patientendaten nur in Notfällen herausgeben. Wenn man einem Computer beibringen kann, Schach zu spielen, warum sollte es dann nicht möglich sein, ihn dazu zu befähigen, moralische Urteile zu fällen? In gewisser Weise unterscheidet sich ein solcher Vorgang nur wenig von der »Programmierung« des freudschen »Über-Ichs« durch die Eltern oder vom gottgegebenen Verstand, den Thomas von Aquin postulierte. In beiden Fällen wird das Urteilsvermögen von einer äußeren Instanz übertragen, ebenso wie ein Programmierer den Computer mit Befehlen speist. Ein solcher Prozess ähnelt vielleicht sogar dem Vorgang, der in der Biologie als »Prägung« des Gewissens bezeichnet wird. Interessanterweise lügen uns Computer mit geringerer Wahrscheinlichkeit an als Menschen. Wie Isaac Asimov sagte: »Die Unmenschlichkeit des Computers besteht nicht zuletzt darin, dass er – wenn er erst einmal sachkundig programmiert ist und reibungslos arbeitet – vollkommen ehrlich ist.« Außer natürlich, er wurde darauf programmiert, unehrlich zu sein.

Da die Entwicklung künstlicher Intelligenz immer weiter voranschreitet, ist es durchaus vorstellbar, dass ein Computer eines Tages die Kontrolle über sich selbst ergreift. Eine Maschine, die darauf programmiert wäre, eigenständig zu lernen und sich weiterzuentwickeln, könnte aus verschiedenen Handlungsoptionen auswählen und ihren Wirkungsbereich so weit erweitern, dass man sie faktisch als von Intentionen getriebene Intelligenz bezeichnen könnte. In einigen wenigen Bereichen übertreffen Computer den menschlichen Verstand bereits heute um ein Vielfaches. Manche Menschen hegen sogar die Befürchtung, dass ein intelligenter Computer, der über die Fähigkeit verfügt, seinen eigenen Aktionsradius zu erweitern, eines Tages zu einer Bedrohung für die Menschheit werden könnte. Nach den Theorien der Biologie entwickelte der Mensch im Laufe der Evolution ein Gewissen und altruistische Verhaltensweisen. Eine hoch entwickelte Maschine hingegen wäre nichts anderes als reine Intelligenz, die nur ihre eigenen Ziele verfolgt und nicht über die moralischen Bedenken verfügt, die den Menschen ein Zusammenleben ermöglichen. Glücklicherweise gehört eine solche Erfindung bis jetzt in den Bereich der Science-Fiction.

Wenn sich die künstliche Intelligenz weiterentwickelt, wird es vielleicht sogar nötig werden, Computern ein Gewissen, das heißt ein Feedback-Programm, dass die Maschine nach den Prinzipen menschlicher Moral reagieren lässt, zu implementieren. Das Programm könnte darauf ausgelegt sein, das das Gewissen des Systems dazulernt und sein Urteilsvermögen erweitert. Die Maschine wäre dann durchaus vergleichbar mit einem Kind, das Lektionen über Gut und Böse lernt und diese in der Interaktion mit der Welt verfeinert.

Was würde passieren, wenn unser Fakultätsgebäude abbrennen würde?

Klassische Philologie, Cambridge

Dann würde dieses Aufnahmegespräch vermutlich vertagt werden ...

Oder soll das eine Aufforderung zur Brandstiftung sein? Auf jeden Fall handelt es sich um eine sonderbare Frage. Um ein Fakultätsgebäude vollständig abbrennen zu lassen, ohne dass die Feuerwehr dies verhindern kann, ist ein gewaltiges Feuer nötig, gerade in einem modernen Gebäude mit Feueralarm, Sprinkleranlagen und Brandschutztüren. Ein solches Ereignis würde sofort Fragen aufwerfen: Warum bekam die Feuerwehr den Brand nicht in den Griff? Kam sie zu spät oder war sie nachlässig? Handelte es sich vielleicht um Brandstiftung? Ging das Feuer von mehreren Stellen gleichzeitig aus oder waren Brandbeschleuniger im Spiel?

Unmittelbar nach dem Brand würde die Erforschung der Ursachen einsetzen. Sobald die Trümmer ein wenig abgekühlt und von der Feuerwehr als begehbar erklärt wären, würden Ermittler nach Hinweisen über den Auslöser des Brandes suchen. Sie würden Zeugen befragen und Materialien mit forensischen Verfahren untersuchen. Gleichzeitig würden die zuständigen Stellen der Gebäudeverwaltung bei der Brandschutzversicherung anrufen und den Schaden melden. Als Nächstes würde sich die Frage stellen, ob man das Gebäude wiederherstellen oder einen Neubau errichten sollte. In der Zwischenzeit würde die Fakultät ein provisorisches Ausweichquartier beziehen müssen. Kurz, das Ganze wäre ein ziemlicher Albtraum.

Zweifellos würden sich einige Menschen klammheimlich (oder sogar offen) über die Zerstörung des Gebäudes freuen. Der Bau von 1989 hat nicht nur Freunde. Er ist zwar hell und luftig, jedoch insgesamt eher unauffällig und nicht so elegant, klassizistisch oder verschnörkelt, wie man es vielleicht von einem der weltweit führenden Zentren für das Studium der klassischen Antike erwarten würde. In einer Stadt voller prächtiger historischer Bauwerke wirkt das Gebäude außerordentlich schlicht.

Die größte Sorge gilt daher dem Inhalt des Gebäudes – darauf zielt die Frage vermutlich ab. Der wertvollste Schatz der Fakultät ist die Sammlung klassischer Gipsabgüsse. Im Viktorianischen Zeitalter war es höchst populär, Abgüsse klassischer Skulpturen anfertigen zu lassen. In den 1950er- und 1960er-Jahren jedoch gerieten sie aus der Mode, landesweit wurden viele Sammlungen aufgelöst. Die Sammlung in Cambridge gehört zu den wenigen Überlebenden. Zwar stellen Gipsabgüsse an sich keine unersetzbaren Werte dar, dennoch wäre ihr Verlust ein harter Schlag für die Philologen der Universität. Vielleicht würde sich das Feuer ja so langsam ausbreiten, dass noch ein paar der wertvollsten Stücke gerettet werden könnten? Aber alle 400 Abgüsse sicher nicht.

Auch der Bestand der Bibliothek und nicht extern gesicherte Daten auf den Computern im Gebäude würden durch einen Brand vermutlich vernichtet. Das würde die Arbeitstätigkeit der Fakultät massiv beeinträchtigen. Vielleicht würden Lehre und Forschung sogar eine Zeit lang völlig zum Erliegen kommen, bis ein Notbetrieb aufgenommen werden könnte. Zum Bestand der Bibliothek gehören einige Werke von unschätzbarem Wert – man kann nur hoffen, dass diese gerettet werden könnten.

Schon in der Antike war Feuer eine immense Bedrohung für Bibliotheken. Bei der Zerstörung der großen Bibliothek von Alexandria gingen vermutlich zahlreiche bedeutende Texte für immer verloren. Für klassische Philologen sind Brände also ein besonders heikles Thema. Gelehrte spekulieren bis heute oft darüber, welche Schätze der Literatur und der Naturwissenschaft uns zur Verfügung stünden, hätte die Bibliothek überdauert. Julius Cäsar, der der Überlieferung nach befohlen haben soll, die Bibliothek von Alexandria anzuzünden, hat unter Philologen also durchaus Feinde. Der Brandstifter im Fakultätsgebäude darf auch nicht allzu viel Dank erwarten ...

 Ich finde *Hamlet* zu lang. Sie auch?

Anglistik, Oxford

Shakespeare wird so universell verehrt, dass die Qualität seiner einzelnen Werke oft gar nicht mehr hinterfragt
wird. Junge Studenten – zumindest diejenigen, die Shakespeare nicht als »langweilig« abtun – bewundern ihn ehrfürchtig. Über die Jahrhunderte haben sich so viele Schichten der Shakespeare-Verehrung übereinandergelegt, dass
es schwerfällt, seine Werke nicht als literarische Bibeln,
sondern als Dramen zu betrachten, die von einem realen
Autor verfasst wurden, der bessere und schlechtere Tage
erlebt hat. Diese Unantastbarkeit seiner Werke sorgt möglicherweise dafür, dass wir uns der Qualität und der spannenden Unmittelbarkeit seiner Verse gar nicht mehr bewusst sind.

Die Ausgangsfrage wirkt auf den ersten Blick unglaublich borniert. *Hamlet* gilt vielen Menschen als eines der
großartigsten literarischen Werke aller Zeiten, als *das* Meisterstück des größten Dramatikers überhaupt. Zweifel daran erscheinen fast schon als Blasphemie. Dennoch hilft die
Frage, die Patina der Shakespeare-Verehrung zu durchbrechen und das Stück aus der Perspektive eines Theaterbesuchers im Elisabethanischen Zeitalter zu betrachten, der
1601 der Uraufführung beiwohnte und noch nichts von
dem Nachruhm des Dichters ahnte. Wir werfen also einen
Blick auf *Hamlet*, als wäre es das Werk eines noch völlig
unbekannten modernen Schriftstellers.

Man kann sich fast vorstellen, wie ein einfältiger, aufgeblasener Theaterkritiker damals geurteilt haben mag:
»Herr Shakespeare hat ein faszinierendes Stück über einen

verwirrten jungen Mann geschrieben, der lange hadert, ob er den Mord an seinem Vater rächen soll. Das sich über vier Stunden hinziehende Werk erfasst sehr schön den Überdruss, den das Zögern des jungen Mannes auslöst, strapaziert die Geduld des Publikums aber schon arg. Schon deutlich vor der Hälfte des Stücks hätte ich am liebsten dazwischengerufen: ›Herrschaftszeiten, bring den Mistkerl doch endlich um!‹ Kann es sein, dass Herr Shakespeare seine weitschweifigen Verse mehr liebt, als wir es tun? (Drei von fünf Sternen)«

Hamlet ist zweifellos lang, bei Weitem Shakespeares längstes Stück. Mit fast 4000 Zeilen besitzt es fast den doppelten Umfang von *Der Sturm* oder *Macbeth*. Hamlets Part allein ist mit 1500 Zeilen fast so lang wie Shakespeares kürzestes Stück, *Die Komödie der Irrungen*. Die Forschung streitet zwar noch, welche Textversion die endgültige war, eine Aufführung des Stücks in der ungekürzten Fassung dauert jedoch mindestens vier Stunden. Es verwundert daher nicht, dass viele Regisseure den Text kürzen; sie trauen dem modernen Publikum mit seiner kurzen Aufmerksamkeitsspanne schlicht nicht zu, den Marathon eines ungekürzten *Hamlet* durchzustehen. Regisseure und Kritiker sprechen dann gern von »geglätteten«, »gekürzten« oder »flotten« Fassungen. Für seine Verfilmung von 1948 kürzte Lawrence Olivier den Text so stark, dass sein *Hamlet* keine zweieinhalb Stunden dauerte – und Olivier neben Shakespeare als Mitautor erwähnt wurde. Zeitgenössische Regisseure sind oft ebenso brutal.

Wie auch der Filmregisseur Franco Zeffirelli reduzierte Olivier die Länge unter anderem dadurch, dass er die Figuren Fortinbras, Rosenkranz und Güldenstern strich. Dadurch nahmen sie dem Stück das politische Element und reduzierten es auf den gravierenden persönlichen Konflikt Hamlets. Und genau hierin liegt das Problem mit der Ansicht, Hamlet sei »zu lang«: Wenn ja, was ist zu lang, was kann gekürzt werden? Lässt man den politischen Aspekt weg, geht der Kontext verloren, vor dem sich Hamlets Drama abspielt – wir übersehen, dass er ein Prinz ist und deswegen nicht nur ein psychologischer, sondern auch ein politischer Handlungsdruck auf ihm lastet. Durch Kürzungen ist eine Aufführung des Theaterstücks vielleicht leichter zu bewerkstelligen und das moderne Publikum besser zu begeistern, allerdings büßt das Werk an Tiefe ein. Das häufig vorgenommene Streichen der Szenen mit der Gruppe der Hofleute ergibt ebenfalls eine glattere, flottere Geschichte ohne Abschweifungen, jedoch geht auch hier ein Teil des psychologischen und symbolischen Reichtums des Stücks verloren.

Natürlich haben auch gekürzte Fassungen gelegentlich ihren Wert, etwa wenn sie das Geschehen aus einem neuen Blickwinkel betrachten. Auch die praktischen Vorzüge kürzerer Theateraufführungen sind nicht zu vernachlässigen. Doch die gekürzten Fassungen dürfen niemals als »endgültige« Versionen angesehen werden. Niemand kann ganz genau sagen, welche Textversion Shakespeare tatsächlich vorgesehen hatte. Wenn man aber davon ausgeht, dass die meisten der heute verfügbaren Druckausgaben seinem Ideal zumindest recht nahekommen, würden der Fragesteller und die kürzenden Regisseure implizieren, dass Shakespeare sich bei dem größten seiner Dramen in unnötigen Ausschweifungen ergangen hätte.

Während es also wenig sinnvoll ist, Shakespeares Text als sakrosankt zu betrachten, als unabänderliches Schaffenswerk, das uns eine aktive Auseinandersetzung verbietet, hieße es vielleicht das Kind mit dem Bade auszuschütten, wenn wir Shakespeare unterstellten, beim Verfassen des Stücks einem Irrtum unterlegen gewesen zu sein. Es ist doch sicher davon auszugehen, dass Shakespeare, der versierteste und dramaturgisch beste Theaterdichter aller Zeiten, einen guten Grund dafür hatte, *Hamlet* eine Aufführungsdauer von etwa vier Stunden zuzuschreiben. Wenn uns das Stück als zu lang erscheint, kann das also auch bedeuten, dass uns bei der Interpretation des Werkes einige wesentliche Aspekte entgangen sind.

Unter heutigen Regisseuren ist die verstörende Tendenz auszumachen, sich in selbstherrlicher Weise als »Könige des Theaters« zu betrachten und den in ihren Augen minderbegabten Dichtern ihre Weisheit angedeihen zu lassen. Ihrem Selbstverständnis nach entfalten die belächelnswerten »Gehversuche« der Stückeschreiber nur dann ihr wahres Potenzial, wenn sie von entschlussfreudigen Regisseuren gewandt inszeniert werden. Vielleicht sollte man aber lieber davon ausgehen, dass Shakespeare wusste, was er tat, und größere Mühe darauf verwenden, die große Wirkung des Stückes anhand des Originaltextes herauszuarbeiten, anstatt Kürzungen vorzunehmen und einfach eine andere Geschichte zu erzählen.

Natürlich ist nicht von der Hand zu weisen, dass Shakespeare für ein ganz anderes Publikum schrieb, das die häppchenweise Erzählstruktur der TV-Dramen und das flotte Surfen im Internet nicht kannte. Das bedeutet aber nicht, dass es modernen Theaterbesuchern für den vollständigen Hamlet an Ausdauer fehlt. In den letzten Jahren konnte sich das Publikum sogar für zwölfstündige Aufführungen klassischer griechischer Dramen begeistern. Ein wunderbares Stück, das nur ein Drittel so lang ist, sollte das Publikum also in gleicher Weise fesseln können. Schließlich ist *Hamlet* politisch wie psychologisch hochaktuell, die Charakterzeichnung ist spannend und glaubwürdig, die Sprache herrlich.

 # Gibt es so etwas wie »Rasse«?

Selbst wenn es nur um Tiere geht, haben Biologen mit dem Ausdruck »Rasse« längst ein Problem, da er auf subjektiven Kriterien beruht. In der Biologie beschränkt sich die fachlich korrekte Verwendung des Ausdrucks inzwischen auf Zuchtformen von Haustieren, Nutztieren oder Pflanzen. Ansonsten hat sich im wissenschaftlichen Sprachgebrauch der Begriff »Unterarten« etabliert.

Die Verwendung der Bezeichnung ist aber vor allem im Zusammenhang mit Menschen problematisch. Wahrscheinlich durch das Bewusstsein motiviert, dass die Theorie der Rassen in der Vergangenheit großen Schaden angerichtet hat, werden Biologen heutzutage nicht müde zu betonen, dass es beim Menschen keine Rassen gibt. (Wie erläutert, wäre ohnehin der Ausdruck »Unterart« korrekt; im Folgenden wird dennoch »Rasse« verwendet, da sich diese Formulierung in der allgemeinen Diskussion eingebürgert hat.) Die Aussage wird durch die Genforschung unterstützt: Wissenschaftler wie der Biochemiker Craig Venter und der Evolutionsforscher Stephen Jay Gould sind wie viele andere der Ansicht, dass es keine identifizierbare genetische Grundlage für menschliche »Rassen« gibt. Genetische Unterschiede innerhalb »rassischer« Gruppen sind wesentlich größer als die Unterschiede zwischen einzelnen Gruppen. Gould glaubte, der moderne Mensch existiere schlicht noch nicht lang genug (maximal 170 000 Jahre), als dass sich genetisch voneinander abweichende Unterarten hätten ausbilden können.

Alle bisher in der Forschung unter diesem Aspekt untersuchten Markergene lieferten keine Hinweise auf signifikante Unterschiede zwischen den Rassen. Selbst Kleinigkeiten wie etwa Blutgruppen oder die Anfälligkeit für bestimmte Krankheiten ergaben keine nennenswerten Ergebnisse. Die Blutgruppenverteilung ist in verschiedenen ethnischen Gruppen annähernd gleich, und die Krankheitsanfälligkeit hat geografische Hintergründe, keine genetischen.

Eine Rasse muss sich genetisch von anderen unterscheiden, sonst ist sie keine. Die Grenzen zwischen menschlichen »Rassen« sind jedoch verschwommen, die physischen Erscheinungsbilder gehen nahtlos ineinander über. Insofern sind alle Menschen als »Mischlinge« zu bezeichnen. An der mitochondrialen DNA (mtDNA), der kleinen genetischen Zeitkapsel, die über zahllose Generationen über die mütterliche Linie unverändert weitergegeben wird, lässt sich ablesen, dass der weibliche Stammbaum in jeder Ethnie wurzeln kann. Im Sinne der Forschung ist »Rasse« also kein physisches Phänomen, sondern ein kulturelles und soziologisches Konstrukt, das ebenso der wissenschaftlichen Begründung entbehrt wie das Konzept der Nationalität.

Einige wenige Wissenschaftler widersprechen allerdings. Sie argumentieren, dass genetische Unterschiede existieren, wenn sie auch minimal sind, und die Existenz dieser Unterschiede ausreicht, um verschiedene Rassen zu begründen, auch wenn diese nahtlos ineinander übergehen. Nun könnte man diese Beweisführung als Haarspalterei abtun, würden nicht intolerante Menschen jede wissenschaftliche Erkenntnis, die den Begriff der menschlichen Rasse zu legitimieren scheint, dazu verwenden, ihre diskriminierende Gesinnung zu untermauern.

Unabhängig von den Theorien der Wissenschaft gehen die meisten Menschen im Alltag jedoch ganz selbstverständlich davon aus, dass es menschliche Rassen gibt. Das Grundgesetz für die Bundesrepublik Deutschland legt in Artikel 3, Absatz 3 fest, dass niemand aufgrund seiner Rasse benachteiligt oder bevorzugt werden darf. Wenn man Menschen nach ihrer Rassenzugehörigkeit fragt, fällt ihnen meist die Antwort leicht: weiß, schwarz, asiatisch usw. Sehr früh lernen wir, anderen ihre Rasse anzusehen, auch wenn wir dabei oft Fehler machen. Ungeachtet der Gegenbeweise durch die Genetik sind die physischen Merkmale der ethnischen Zugehörigkeit so deutlich, dass wir sie in jedem Umfeld sofort erkennen. Ein Schwarzafrikaner und ein Weißer sind nun einmal als solche identifizierbar, auch wenn sie in einer mehrheitlich von einer anderen Rasse geprägten Gesellschaft aufgewachsen sind. Deswegen genügt es nicht, Rasse als »soziales und kulturelles Konstrukt« abzutun. Egal, wie man sie nun definiert, Rassen gehören nun einmal zur Realität.

Wenn man der ethnischen Gruppe angehört, die in einer Region die Mehrheit bildet, vergisst man leicht, dass es Rassenfragen oder überhaupt verschiedene Rassen gibt. Gehört man aber einer Minderheit an, wird man ständig an die Unterschiede erinnert, die zuweilen Anlass zum Feiern geben, manchmal aber auch großes Leid nach sich ziehen.

Wichtiger als die Frage, ob es ethnische Unterschiede gibt, ist die Frage, wie wir damit umgehen. Niemand wird gerne in eine Schublade gesteckt, und die Kategorisierung eines Menschen aufgrund seiner Rasse ist eine der wirkungsvollsten und gefährlichsten Methoden der Stigmatisierung.

 ## Ist Natur natürlich?

Diese Frage besteht aus drei simplen Wörtern – und besitzt dennoch eine große Dimension. Heute wird »Natur« gerne als allgemeiner Begriff für unsere »natürliche« Umgebung verwendet, ohne dass dabei klar definiert wird, was damit gemeint ist. Von der »Natur der Dinge« sprechen wir, um die grundlegenden Eigenschaften oder das innere Wesen einer Sache zu beschreiben. In diesem Sinne wurde das Wort auch im antiken Griechenland verstanden, da die lateinische Wurzel *natura* auf die Geburt verwies. Die Griechen glaubten, einige Dinge seien angeboren – von der Natur geformt –, andere würden vom Menschen hinzugefügt. Aristoteles brachte es knapp auf den Punkt: »Die Kunst ergänzt, was die Natur nicht vollenden kann.«

In der griechischen Antike galten Kunst und Natur als sich ergänzende Gegensätze, und diese Auffassung wurde bis vor wenigen Jahrhunderten von vielen vertreten. Thomas Browne hätte auf die Frage »Ist Natur natürlich?« eine einfache Antwort gehabt: In seinem Werk *Religio Medici* hielt er 1643 fest: »Natur steht nicht im Widerspruch zur Kunst oder umgekehrt; beide sind Diener Seiner Vorsehung. Kunst ist die Vollendung der Natur. Wäre die Welt noch, wie sie am sechsten Tag war, es würde noch Chaos herrschen. Natur hat eine Welt geschaffen, Kunst eine andere. Kurz: Alles ist künstlich, denn Natur ist die Kunst Gottes.« Die meisten seiner Zeitgenossen hätten dieser Ansicht zugestimmt.

Doch in den folgenden zwei Jahrhunderten änderte sich die Betrachtungsweise. Der viktorianische Poet Philip James Bailey schrieb: »Kunst ist die Natur des Menschen, Natur ist die Kunst Gottes.« Auf den ersten Blick scheint er das Gleiche zu sagen wie Browne. Doch Browne hätte nicht verstanden, was Bailey meinte. Zu Brownes Zeiten verstand man unter Natur schlicht die gesamte physische, von Gott statt vom Menschen geschaffene Welt – wer das Wirken der Natur zu ergründen versuchte, bezeichnete sich als »Naturphilosoph«. Doch für die Menschen des Viktorianischen Zeitalters gab es Natur sowohl im Sinne von »Wesen, Kern« als auch im Sinne von »Landschaft«, die man durchstreifen und bewundern konnte.

Natur war nun von dem Bereich menschlicher Aktivität und Betriebsamkeit losgelöst, sie galt nicht mehr als ergänzendes Gegenstück zur Kunst. Aus »Naturphilosophen« waren »Wissenschaftler« geworden, wer sich professionell mit Pflanzen oder Tieren beschäftigte, wurde als Botaniker oder Zoologe bezeichnet. Amateure, deren Steckenpferd es war, Vögel und Schmetterlinge zu beobachten, nannte man »Naturalisten«. Mehr und mehr wurde Natur zu dem, was wir heute darunter verstehen: Etwas, das man in prächtigen Fernsehbildern bewundert oder auf Ausflügen genießt, zu dem man selbst aber nicht gehört. Natur ist für uns damit ebenso wenig naturgegeben wie unser Interesse an Computern oder an der hohen Kochkunst. In diesem Sinn ist Natur unnatürlich geworden.

Die Ausgangsfrage beinhaltet noch einen zweiten Aspekt: Wie viel unserer natürlichen Umgebung ist wirklich »natürlich«? Die Landschaften auf der Erde wurden überwiegend durch die Arbeit der Menschen geformt, und die Pflanzen und Tiere, die die Ackerländer bevölkern, sind diejenigen, die sich an die Eingriffe des Menschen am besten angepasst haben: Schlüsselblume und Gänseblümchen, Klee, Feldlerchen, Grauammer, Finken und Rebhühner. Da die Intensivierung der Landwirtschaft die Umwelt weiter verändert, sind inzwischen auch viele dieser Arten bedroht. Der Mensch hat jedoch nicht nur durch Rodung und Ackerbau die natürliche Umgebung umgestaltet, auch die Verschmutzung von Wasser und Luft stellen massive Eingriffe dar. Zahlreiche Arten von Wildtieren sind stark gefährdet, da der Mensch ihre Lebensräume verändert oder zerstört.

Während jedoch viele Arten verloren gehen, erstarken andere. Die Natur stirbt nicht ab, sie entwickelt sich in eine andere Richtung. Insgesamt verringert der Mensch durch seine Eingriffe die Vielfalt der Natur, einige Arten aber profitieren – und vermehren sich oft, bis sie zur Landplage werden. Und so sehr unsere allgegenwärtigen Nutzpflanzen und -tiere auch durch menschliche Eingriffe verändert wurden, so sind sie doch Abkömmlinge natürlich vorkommender Spezies. Die Natur, oder besser die natürliche Umgebung, kann also trotz aller Veränderungen durch den Menschen immer als »natürlich« beschrieben werden.

Auch der Mensch ist ein Produkt der Natur. Selbst die extremsten von Menschen geschaffenen Umgebungen, von den Shopping-Malls in Schanghai bis zum Atombunker, sind daher in gewisser Weise natürlich. Definiert man Natur allerdings als »vom Menschen unberührt«, so lässt sich vermutlich kein Fleck auf der Erde als »natürlich« beschreiben ...

In den letzten Jahren hat das Wort »natürlich« die Aura des Edlen erhalten. Gentechnisch veränderte Lebensmittel oder 65-jährige Schwangere werden von Kritikern als »unnatürlich« bezeichnet, um sie grundlegend zu verurteilen. Gleichzeitig dient in der Werbung der Begriff »natürlich« dazu, Produkte in einem positiven Licht erscheinen zu lassen. Welch Ironie, dass eine Orangentorte »mit natürlichem Orangenaroma« mit größter Wahrscheinlichkeit nie eine – natürliche oder unnatürliche – Orange gesehen hat! Die Lebensmittelindustrie darf ganz legal mit

»natürlichen Aromen« werben, solange diese natürlich *gewonnen* statt chemisch synthetisiert wurden.

Aber warum wird »natürlich« so selbstverständlich mit »gut« und »unnatürlich« mit »schlecht« assoziiert? Schließlich sind Malaria und Cholera auch natürlich. Und der Tod auch. Wahrscheinlich wirkt dabei noch die antike Vorstellung nach, dass Dinge in ihrem ursprünglichen, natürlichen Zustand auf ihre Art perfekt waren. Auch der christliche Glaube folgt dieser Ansicht, indem er die Natur als Gottes Schöpfung betrachtet. Unnatürliche Dinge galten als Deformationen dieses ursprünglichen Zustands, die Satan bewerkstelligt hatte. Wenn Menschen von »widernatürlichen Handlungen« sprachen, meinten sie viel Schlimmeres als »natürliches« Apfelaroma aus Tagetesöl, Weinfuselöl und Hefeöl-Destillat.

Das antike Vorurteil wurde in der modernen Welt angesichts des Misstrauens gegenüber den Lebensmittelkonzernen, der Agrarindustrie und der Nahrungsmittelindustrie wiederbelebt. Diese Skepsis gegenüber der menschlichen Technologie gründet in realen Katastrophen vom Contergan-Skandal über Seveso bis Fukushima. »Natürlich« erscheint im Gegensatz dazu sicher und über Millionen von Jahren erprobt. Natur ist frei von gefährlichen Kunstgriffen, menschlicher Hybris und dem Ruch des Großkapitals. In diesem Sinne ist Natur immer natürlich.

Es wohnt ein Genuss im dunklen Waldesgrüne,
Gesellschaft ist, wo alles menschenleer,
Entzücken weilt auf unbetretner Düne,
Musik im Wellenschlag am ewgen Meer.
Den Menschen lieb ich, doch die Natur noch mehr.

Lord Byron, *Childe Harolds Pilgerfahrt* (ins Deutsche übertragen von Otto Gildemeister)

Stellt die Umweltzerstörung eine größere Gefahr dar als Armut, Aids und Ähnliches?

Land Economy, Cambridge

Das hängt teilweise von Ihrer persönlichen Situation ab: Ist jemand in Ihrer Familie mit dem HI-Virus infiziert, dann ist natürlich Aids die größte Gefahr. Leben Sie wie Milliarden andere Menschen in extremer Armut, dann empfinden Sie diese als größte Bedrohung. Wurde hingegen Ihre traditionelle Lebensweise durch die Zerstörung des Regenwaldes ruiniert, sehen Sie vermutlich darin die größte Gefahr.

Betrachtet man diese Probleme auf globaler statt auf persönlicher Ebene, ist gewiss Armut das dringlichste. Mehr als ein Drittel der Weltbevölkerung leidet unter extremer Armut – eine gewaltige und völlig inakzeptable Menge. 4,4 Milliarden Menschen leben in Entwicklungsländern, drei Fünftel davon ohne vernünftige sanitäre Einrichtungen. Fast ein Drittel hat keinen Zugang zu sauberem Wasser. Ein Viertel lebt in behelfsmäßigen Behausungen. Einem Fünftel steht keine moderne medizinische Versorgung zur Verfügung. Ein Fünftel der Kinder beendet nicht einmal die Grundschule. Ein Fünftel ist aufgrund von Mangel- oder Unterernährung ständig krank. Die Anzahl der Kinder, die jedes Jahr in Entwicklungsländern an den Folgen von Armut sterben, entspricht der Zahl der Kinder, die insgesamt in England leben. An diese Größenordnung, diese Tragödie reicht keine andere Krise heran. Armut ist eine Geißel der Menschheit, und sie erfordert sofortiges Handeln.

Die Umweltzerstörung besitzt möglicherweise katastrophale Folgen. Sollte zum Beispiel die globale Erwärmung nur halb so dramatisch sein, wie es die schlimmsten Szenarien prophezeien, wären die Auswirkungen verheerend. Viele Großstädte dieser Welt würden in den Fluten versinken, wenn Eiskappen schmelzen und sich das Wasser in den Ozeanen erwärmt und ausdehnt. Andernorts wird fruchtbares Ackerland durch ausbleibenden Regen in Wüste verwandelt. Die zusätzliche Energie in der Atmosphäre könnte zu Stürmen führen, die weltweit Verwüstungen anrichten. Die Zerstörung der Natur könnte das Leben auf der Erde in unbeschreiblicher, irreparabler Weise schädigen. Langfristig kann man also die Zerstörung unseres Planeten durch den Menschen als die größte Bedrohung ansehen. Allerdings brauchen die Armen sofort Hilfe. Für sie sind Probleme, die erst in Jahrzehnten auftreten, unbedeutend; sofern ihnen nicht bald Unterstützung zukommt, werden sie auch diese nahe Zukunft nicht mehr erleben.

Natürlich ist es absurd, eine solche Rangliste von Problemen aufzustellen. All diese Probleme sind gravierend; die Menschheit muss sie alle in Angriff nehmen. Außerdem lassen sich diese Probleme nicht isoliert betrachten und behandeln. Sie sind eng miteinander verwoben und müssen gleichzeitig gelöst werden. Aids geht zum Beispiel oft mit Armut und fehlender Bildung einher. Armut wiederum ist oft Folge von Umweltproblemen – und die Ärmsten würden von den Folgen des Klimawandels wahrscheinlich am härtesten getroffen: die Einwohner Bangladeschs durch steigende Meeresspiegel, die Völker des Sahelgebiets durch die Ausdehnung der Sahara. Die großen Probleme der Menschheit sind so eng miteinander verzahnt, dass es fast unvorstellbar scheint, eines ohne die anderen zu »lösen«.

Bei oberflächlicher Betrachtung sind die größten Bedrohungen für die Umwelt Resultat der intensiven wirtschaftlichen Entwicklung auf der ganzen Welt, vor allem aber in den Industrieländern. Der enorme Verbrauch von Ressourcen (Öl, Nahrungsmittel, Wasser, Land) belastet die Umwelt enorm. Armut ist im Grunde nur durch die Konzentration von Energie und Ressourcen in den wirtschaftsstarken Ländern verursacht. Volkswirte und Entwicklungsexperten haben viele Ideen, was getan werden könnte und sollte, doch es scheint naheliegend, dass sowohl Armut als auch Umweltzerstörung reduziert werden könnten, wenn der Verbrauch in den Wirtschaftszentren eingeschränkt und für einen ausgeglicheneren Entwicklungsstand in der Welt gesorgt werden würde.

Warum werden die Wörter »Gott« und »ich« im Englischen großgeschrieben?

Orientalistik, Cambridge

Diese Frage scheint eine tiefschürfende und kontroverse Thematik anzusprechen, möglicherweise widmet sie sich dem Stellenwert der Religion. Schließlich haben viele von uns in der Schule gelernt, dass das englische Wort »God« aus Respekt vor dem Allmächtigen großgeschrieben wird. Doch die Fragestellung ist bewusst irreführend. Die Antwort lautet ganz einfach: Im Englischen werden alle Eigennamen großgeschrieben. Und »Gott« ist ein Eigenname, ebenso wie Adam und Eva. Auch wenn Sie keinen Respekt vor Gott haben, müssen Sie ihn im Englischen großschreiben – vorausgesetzt, Sie beziehen sich auf das als »Gott« bekannte Wesen. Dann handelt es sich um einen Eigennamen.

Folglich muss selbst ein Atheist Gott im Englischen großschreiben, selbst wenn er den Onkel mit Rauschebart für ebenso fiktiv hält wie Harry Potter. Es nutzt auch nichts vorzubringen, Gott gäbe es nicht, also verdiene er auch keinen Eigennamen und damit keine Großschreibung. Dieses Argument beruht auf einem Trugschluss: Die Existenz eines Eigennamens sagt nichts darüber aus, ob das Wesen auch tatsächlich existiert. Denken Sie nur an Superman.

»I« ist das einzige Personalpronomen, das im Englischen großgeschrieben wird. Vielleicht schlicht deswegen, weil ein vereinzeltes »i« ein bisschen mickrig aussähe. Ein Grenzfall ergibt sich allerdings bei der Verwendung des Personalpronomens in Bezug auf Gott. In den Kombinationen »His Majesty« oder »His Holyness« ist im Englischen Großschreibung die Norm, da das Pronomen als Teil des Titels erachtet wird. Entsprechend könnte man die Schreibung »He« einfordern, da in Referenz auf Gott »He« nicht als Pronomen, sondern als Titel erachtet werden könnte. Heutzutage würden die meisten Engländer aber ein kleingeschriebenes »he« als Norm ansehen.

Die Unterscheidung zwischen Groß- und Kleinschreibung beziehungsweise Majuskeln und Minuskeln setzte sich in den europäischen Sprachen erst im Mittelalter durch. In klassischen Texten war alles großgeschrieben, in Versalien, wie der Drucker sagt. Die Regeln für Groß- und Kleinschreibung unterscheiden sich von Sprache zu Sprache und wandeln sich im Lauf der Geschichte. In allen europäischen Sprachen beginnen Sätze und Verszeilen mit Großbuchstaben (auch wenn einige moderne Dichter diese Regel bewusst verletzen). Innerhalb der Sätze und Zeilen gelten aber je nach Sprache verschiedene Regeln. Im Englischen wurden früher alle Nomina großgeschrieben, genau wie im Deutschen heute noch. Inzwischen schreiben Engländer nur noch Eigennamen und von Eigennamen abgeleitete Adjektive wie in »Newtonian physics« groß – im Gegensatz zu uns Deutschen, wir schreiben die »newtonsche Physik« klein.

Was ist wichtiger: die Armutsbekämpfung im eigenen Land oder weltweit?

Land Economy, Cambridge

Nur die wenigsten Menschen würden abstreiten, dass Armut ein Problem darstellt, das unsere Aufmerksamkeit erfordert. Kein Politiker könnte im Bundestag ans Rednerpult treten und glaubhaft behaupten, das wäre kein wichtiges Thema. Armut ist eines der größten Probleme unserer Welt.

Das Ausmaß der weltweit durch Armut ausgelösten Verheerung ist bestürzend. Weit mehr als 1 Milliarde Menschen, ein Fünftel der Weltbevölkerung, lebt nach der durch die Weltbank festgelegten Definition in »absoluter Armut«. Weitere 1,6 Milliarden leben in »gemäßigter Armut«, der weitaus größte Teil davon in den südlich der Sahara gelegenen Regionen Afrikas und in Indien. Von »absoluter Armut« spricht die Weltbank, wenn ein Mensch weniger als 1,25 PPP-US-Dollar pro Tag zur Verfügung hat. PPP-US-Dollar ist dabei ein Konzept, dass die Kaufkraft verschiedener Länder international vergleichbar macht. Ein solches Budget impliziert Mangelernährung, unzureichende Wohnverhältnisse und deutlich verminderte Lebenserwartung aufgrund erhöhter Krankheitsanfälligkeit. Absolute Armut bedeutet bestenfalls Not, schlimmstenfalls Tod. Gemäßigte Armut beinhaltet nur einen minimal höheren Lebensstandard, der verfügbare Tageswert liegt bei 2 PPP-US-Dollar. Täglich könnten die Zeitungen mit der Überschrift aufmachen: »Absolute Armut! 25 000 Kinder allein gestern gestorben!« Diese Schlagzeile könnten sie Tag für Tag, Jahr für Jahr drucken, und sie wäre jedes

Mal wahr. Doch natürlich sterben die Armen weiter unbemerkt, weit weg von den Augen der Weltmedien, die sich gerade einmal für die spektakulärsten Krisen interessieren, und auch das nur kurz.

In der westlichen Welt hat Armut weniger schreckliche Konsequenzen als in Entwicklungsländern. Wir definieren Armut nicht absolut, sondern relativ zum Rest der Bevölkerung. In Großbritannien bedeutet der Definition der Hilfs- und Entwicklungsorganisation Oxfam nach arm zu sein, mit weniger als 60 Prozent des mittleren Einkommens nach Abzug der Wohnungskosten auskommen zu müssen (für einen alleinstehenden Erwachsenen waren das 2006 circa 150 Euro pro Woche). In Deutschland sprechen wir ungern von Armut, lieber von »Armutsgefährdung«, da wir von der theoretischen Absicherung jedes Einzelnen durch die sozialen Sicherheitssysteme ausgehen. Dennoch bedeutet Armut auch in Deutschland oft Hunger, soziale Isolation und das weitgehende Fehlen all jener Annehmlichkeiten, die das Leben erträglich machen.

Die meisten Menschen finden das weltweite Ausmaß der Not inakzeptabel. Es ist nicht nur moralisch fragwürdig, selbst im Wohlstand zu schwelgen, während andere hungern, langfristig leidet auch unser Wohlbefinden unter dieser Ungerechtigkeit. Leider ist die Armut in den letzten Jahrzehnten weltweit sogar gestiegen. Hätte China nicht ein gewaltiges Wirtschaftswachstum erlebt, würde die Bilanz noch viel bestürzender ausfallen. Selbst in Deutschland nimmt die Kinderarmut zu statt ab, allen guten Absichten der Politik zum Trotz: Heute gelten laut Statistischem Bundesamt 2 Millionen Kinder in Deutschland als arm.

Die Situation ist deshalb so bedrückend, weil es sowohl innerhalb der westlichen Länder als auch weltweit ernsthafte Versuche gab, die Armut einzudämmen. Tony Blair forderte zum Beispiel 2005 auf der G8-Konferenz in Gleneagles die Teilnehmerstaaten auf, bis 2010 35 Milliarden Euro für Afrika bereitzustellen. Was aus den Zusagen der Länder wurde, ist vielleicht repräsentativ für das Stocken der Hilfspläne. Von den acht Nationen, die damals Unterstützung versprachen, hielt nur Großbritannien Wort. Italien, Frankreich, Japan und Deutschland schickten weit weniger als gelobt, trotz massiven Drucks durch Barack Obama und Gordon Brown auf dem G8-Gipfel 2009 in L'Aquila. Letztlich floss nicht einmal die Hälfte der versprochenen Summen. Wenn man bedenkt, dass die zugesicherten Leistungen gerade einmal 5 Prozent der Ausgaben, die die amerikanische Regierung in die Verteidigung investiert, beziehungsweise 2 Prozent der Summe, die die britische Regierung zur Abwendung der Bankenkrise 2009 aufgebracht hat, entspricht, wird deutlich, warum die Armutsbekämpfung kaum voranschreitet. Wenn wohlhabende Länder nicht über den finanziellen Spielraum verfügen, vergleichsweise geringe Summen wie die geforderte bereitzustellen, ist offensichtlich, warum ambitionierte internationale Bemühungen um die Armutsbekämpfung wenig erfolgreich sind.

Der Reichtum auf der Welt ist gewaltig, aber extrem ungleich verteilt. Darin liegt die Ursache für Armut in einzelnen Ländern und weltweit. Was internationalen Organisationen für Umverteilung zur Verfügung gestellt wird, sind vergleichsweise läppische Beträge. So gab die amerikanische Regierung für die Rettung ihrer Banken Billionen Dollar aus – das Zigfache des gesamten Bruttosozialprodukts Afrikas! Damit soll nicht gesagt sein, dass die US-Regierung das Geld nach Afrika hätte schicken sollen (was aber vielleicht besser gewesen wäre). Es zeigt nur, dass Regierungen unfassbare Summen zum Schutz nationaler Interessen aufbringen können, sich aber enorm schwertun, ihren Wählern eine kleine uneigennützige Spende an andere Länder schmackhaft zu machen.

Diese außerordentliche Diskrepanz verdeutlicht die Machtlosigkeit von Regierungen und Hilfsorganisationen, auf die Umverteilung finanzieller Mittel Einfluss zu nehmen.[11] Ausschlaggebend für den internationalen Geldtransfer sind die weltweiten Kapitalströme und die global operierenden Konzerne, die sich beide von der Politik praktisch nicht steuern lassen.

Eine langfristige Lösung des Problems der Armut sowohl innerhalb des eigenen Lands als auch international muss demzufolge auf anderen Voraussetzungen beruhen. Beide Problemstellungen haben die gleiche Hauptursache, die gleiche Auswirkung und in letzter Konsequenz die gleiche Lösung, die nicht weniger als eine Revolution des Weltfinanzsystems erfordert. Vielleicht würde auch schon ein kleiner Richtungswechsel Entscheidendes bewirken: Stellen Sie sich nur vor, ein Fünftel aller Gelder, die zur Rettung des Bankensystems aufgebracht wurden, wäre zu den Ärmsten der Welt umgeleitet worden. Ich habe die Zahlen jetzt nicht zur Hand, aber ich vermute, dass wir Hunderten Millionen Menschen für die nächsten fünf Jahre ein vernünftiges Einkommen an die Hand gegeben hätten. Und von der damit gewonnen zusätzlichen Kaufkraft hätte dann vielleicht auch die Weltwirtschaft profitiert![12]

---

11 Damit will ich keinesfalls sagen, dass solche Bestrebungen sinnlos sind. Ganz im Gegenteil. Menschen brauchen sofort Hilfe, und unsere Spenden können das Leben von einzelnen Personen gewaltig verbessern. Entwicklungshilfe ist einer der Bereiche, in denen wir tatsächlich etwas bewirken können, zumindest kurzfristig. Am Einsetzen langfristiger Erfolge habe ich allerdings Zweifel.
12 Wie viel die Bankenrettung letztlich kostet, steht noch in den Sternen. Man darf aber sicher von mehreren Billionen Euro ausgehen – Tausende Milliarden Euro! Mit dieser Summe hätte man einer Milliarde Menschen, die in absoluter Armut leben, jeweils einige Tausend Euro zukommen lassen können.

Allerdings funktionieren solche Patentrezepte leider nicht – die Kaufkraft der Ärmsten wäre zwar höher, unsere eigene aber geringer: Anders als bei der Transferleistung an arme Länder ist das für die Bankenrettung verwendete Geld ja nicht aus den Industriestaaten verschwunden, es wurde lediglich umverteilt. Angesichts der Tatsache, dass es Regierungen offensichtlich Schwierigkeiten bereitet, auch nur eine Million für die Entwicklungshilfe bereitzustellen, ist eine Diskussion über Umverteilungen in Billionenhöhe auch sinnlos. Tatsächlich hätten wir das Geld aber eher den Ärmsten der Welt gegönnt als unseren reichen Landsleuten ...

Was macht Sie glauben, ich hätte Gedanken?

Die kurze Antwort lautet: mein Verstand. Die einzige Sache, deren ich mir einigermaßen sicher sein kann, ist, dass ich in der Lage bin zu denken. Und es ist realistisch, meinen Verstand als Sitz meiner Gedanken anzusehen. Mein Verstand sagt mir nun, dass Sie vermutlich auch Gedanken haben. Ob er damit nun richtig liegt, steht auf einem anderen Blatt, aber es ist sicher mein Verstand, der diese Überlegung angestellt hat.[13]

Nun haben über die Jahrhunderte hinweg etliche Philosophen eingeräumt, dass sich die Realität der eigenen Erfahrungen nicht beweisen lässt. Die Vorstellung, dass in meinem eigenen Körper mein eigener Verstand arbeitet, könnte völlig falsch sein. Ebenso wenig lässt sich beweisen, dass ein anderer Mensch einen eigenständigen Verstand besitzt. Allerdings sagt mir meine gesamte Lebenserfahrung, vermitteln mir alle Sinneswahrnehmungen, dass die Dinge tatsächlich so sind, wie sie scheinen. Ich bin mir meines Körpers bewusst, der mir Sinneseindrücke übermittelt und der meinen Anweisungen gehorcht. Ich bin mir bewusst, dass Dinge im Großen und Ganzen vor-

---

13   Interessanterweise würde der Philosoph A. J. Ayer selbst diese Annahme hinterfragen. Ihm zufolge kann ich mir nicht sicher sein, dass ich es bin, der diese Gedanken hat. Folglich könne ich nicht mit Gewissheit sagen, das ich einen Verstand hätte. Ich dürfe nicht (nach Descartes) sagen: »cogito«, »ich denke«, sondern einzig »Gedanken werden gedacht«. Vielleicht, so Ayer, sind die Gedanken nur so angeordnet, dass wir glauben, es gäbe da einen, der nachdenkt.

hersehbar ablaufen. Selbst wenn sie unerwartet verlaufen, bestätigen sie mich in meiner Ansicht, dass es außerhalb meines Körpers eine reale Welt gibt, voll realer Menschen mit eigenständigen Gedanken.

Philosophen stellen diese Grundannahmen des alltäglichen Sachverstands seit Langem infrage und versuchen, fundierte Definitionen der Realität zu erarbeiten. Sie geben beispielsweise zu bedenken, dass die Sinne sich leicht täuschen lassen. Ein sich schnell drehendes Rad erweckt gelegentlich den Anschein, als stehe es still. Fraglich ist auch, ob die Tagwelt realer ist als die Traumwelt der Nacht. Verfechter des kritischen Realismus gehen zum Beispiel davon aus, dass der Verstand nicht die Realität der Außenwelt wahrnimmt, sondern nur deren Repräsentation. Idealisten glauben, das Erleben von Realität finde allein in unseren Köpfen statt; Dinge existierten deshalb nur, solange sie wahrgenommen werden. Dieses Rätsel ist bis heute innerhalb der Philosophie nicht gelöst.

Nun mag es für Philosophen faszinierend – oder gar elementar – sein, Fragen wie diesen nachzugehen. Für den Alltag ist es jedoch ausreichend, auf den gesunden Menschenverstand zu hören und davon auszugehen, dass unsere Erfahrungen real sind. Tatsächlich erscheint es mir fast unmöglich, ohne diese Grundannahme zu denken und zu leben, denn so funktioniert mein Gehirn nun einmal. Also lebe ich, als wäre das, was meine Sinne mir melden, wahr. Analog nehme ich an, dass Sie genau wie ich ein vernunftbegabter Mensch sind. Das »macht« mich glauben, Sie hätten Gedanken.

Natürlich könnte ich mich in anderer Hinsicht täuschen. Vielleicht ist Ihr Körper real, aber was Sie tun und sagen, entspringt gar nicht Ihrem Verstand. Vielleicht sind Sie ein äußerst realistisch gestalteter Androide, der überzeugend menschliches Verhalten imitiert. Dann müssten Sie aber schon ein wirklich guter Androide sein! Ich setze jetzt einfach mal darauf, dass Sie ein denkender Mensch sind und kein schauspielernder Roboter.

 So, wer ist jetzt schlau?

Denken Sie noch einmal nach!

Das war eine interessante Reise, oder? Wir sind ins Gehirn einer Schnecke gekrochen, quer durch den Erdball gesprungen, auf Noahs Arche geklettert, in die Feinheiten der Pfadfinderinnenbewegung eingetaucht, mit Shakespeare über die Bühne stolziert und haben noch vieles mehr erlebt. Ich hoffe, Sie hatten Ihren Spaß! Mir haben die Exkursionen auf jeden Fall Vergnügen bereitet. Diese Fragen regen wirklich zum Nachdenken an, oder? Sicher wird niemand all meinen Antworten vollständig zustimmen. Selbst jetzt beim Durchlesen fallen mir gelegentlich Aspekte auf, die ich heute anders angehen würde. Aber ich hoffe, ich habe zumindest Ihre Gedankengänge in Schwung gebracht.

Es ist äußerst spannend, einmal wieder richtig nachzudenken, seinen Verstand zu fordern, denn nach dem Schul- oder Studienabschluss sind wir selten dazu aufgefordert. Tatsächlich lieben wir es aber, Ideen zu hinterfragen, mit ihnen zu spielen und, um ehrlich zu sein, zu zeigen, wie schlau wir sind.

Klugheit kann äußerst einnehmend sein, sowohl für diejenigen, die sie an den Tag legen, als auch für die Beobachter. Manchmal begeistert uns eine brillante Zurschaustellung von Bildung und Witz ebenso sehr wie ein wunderbares Musikstück. Vielleicht hat sich ja der eine oder andere bei der Lektüre dieser Fragen zu solchen Höhen emporgeschwungen. Vielleicht träumen Sie ja schon davon, die anspruchsvollen Prüfer in Oxbridge mit Ihren einfallsreichen Antworten zu beeindrucken?

Allerdings sollten Sie auch Vorsicht walten lassen, sonst können Sie Ihren Mitmenschen gewaltig auf die Nerven gehen. Samuel Johnson sagte einmal: »Nichts ärgert Menschen mehr als jemand, der in einer Konversation seine überlegenen Fähigkeiten oder seine Brillanz zur Schau stellt. Sie erscheinen zunächst erfreut, doch später verfluchen sie ihn neidisch.«

In seiner gewohnt funkelnden Schärfe machte Oscar Wilde eine weitere Gefahr aus: In *Eine Frau ohne Bedeutung* weist Lady Hunstanton die kluge Mrs Allonby mit einer spitzen Bemerkung in die Schranken: »Wie schlau Sie sind! Sie meinen nie ein Wort von dem, was Sie sagen.«

Vielleicht sind Ihnen zu einigen der Fragen wunderbar schlaue Antworten eingefallen. Vielleicht haben Sie für einige knifflige Probleme völlig neue Denkansätze gefunden. Oder suchen Sie noch nach den Lösungen? In diesem Fall halten Sie sich an W. C. Fields' Rat: »Wenn du sie nicht mit Brillanz betören kannst, dann blende sie mit Blödsinn.«

Die geheimen Methoden aus der Serie *The Mentalist*

240 Seiten
Preis: 16,99 € (D) / 17,50 € (A)
ISBN: 978-3-86882-248-9

Simon Winthrop

SO WERDEN SIE EIN MENTALIST
Der Star-Magier erklärt die ge-
heimen Methoden aus der Serie
The Mentalist

Der renommierte Bühnenmagier und Mentalist Simon
Winthrop zeigt mittels einfacher Techniken, dem richtigen
Hintergrundwissen und ein paar Tricks, wie jeder zum Men-
talisten werden kann.

Dazu gibt Winthrop Einblicke in viele seiner eigens entwickelten Übungen und zeigt dem Leser, wie er ohne großen
Aufwand sein Gedächtnis trainiert, seine Beobachtungsgabe
schärft und seine mentalen Fähigkeiten schult und weiterentwickelt.

Fragen, die die Welt bewegen

240 Seiten
Preis: 8,99 € (D) / 9,30 € (A)
ISBN: 978-3-86882-267-0

dapd

WARUM HILFT KRATZEN, WENN ES JUCKT?

... und weitere Fragen, die die Welt bewegen

Viele alltägliche Dinge nehmen wir als gegeben hin, obwohl uns oft nicht klar ist, warum sie sind, wie sie sind. Hier werden endlich die wirklich wichtigen Fragen beantwortet, für die wir uns immer schon eine Erklärung gewünscht haben: Warum läuft bei Kälte die Nase? Vernachlässigen Rabenmütter wirklich ihren Nachwuchs? Ist es am Süd-oder am Nordpol kälter?

Die Antworten auf zahlreiche ganz alltägliche Fragen liefern allerhand Wissenswertes, Erstaunliches und Unterhaltsames und garantieren zahlreiche Aha-Effekte.

Ändern Sie Ihre Denkweise!

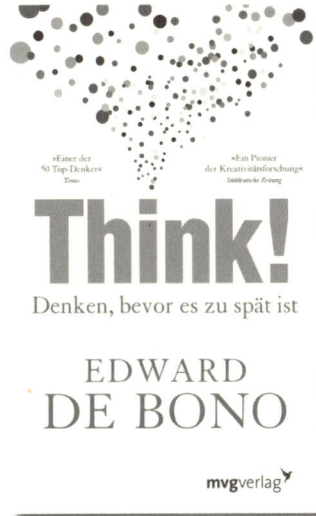

288 Seiten
Preis: 17,90 € (D) / 18,40 € (A)
ISBN: 978-3-86882-018-8

Edward De Bono

THINK!

Denken, bevor es zu spät ist

Schuld an den Problemen unserer Welt ist unser Denken. Doch was stimmt nicht mit unserem Denken? Und wie können wir es verbessern? De Bono erklärt seine auf den neuesten Stand gebrachten Denkmethoden. Brillant beschreibt er, wie jeder seine Denkprozesse ändern und damit nicht nur sein Privat- und Berufsleben erheblich verbessern kann, sondern in letzter Konsequenz auch unsere Welt.